Kellys, wir bleiben euch treu!

Im ECON Taschenbuch Verlag sind außerdem folgende Titel
zur Kelly Family lieferbar:

Sachbuch
Mein geheimes Kelly-Family-Buch (TB 12004)
Mein Kelly-Family-Rätselbuch (TB 12013)
Mein ganz privates Kelly-Album (TB 12021)

Unterhaltung
Lena Beckmann, I love you, Paddy (TB 27256)
Lena Beckmann, Kellys forever (TB 27288)
Lena Beckmann, Nimm meine Hand, Angelo (TB 27290)

Lena Beckmann

Kellys, wir bleiben euch treu!

Der neue Roman für Kelly-Family-Fans

ECON Taschenbuch Verlag

Die Handlung dieses Romans ist frei erfunden
und entspricht nicht der Wirklichkeit.

Bei Fragen oder Anregungen zum Buch
könnt Ihr gerne an die Autorin schreiben:
ECON Taschenbuch Verlag
Lena Beckmann
Kaiserswerther Str. 282
40474 Düsseldorf

Veröffentlicht im ECON Taschenbuch Verlag
Originalausgabe
© 1996 by ECON Verlag GmbH, Düsseldorf
Umschlaggestaltung: Klaus Blumenberg, Bergisch Gladbach
Titelabbildung: Bold Bilderdienst, Winnenden
Lektorat: Angela Troni
Gesetzt aus der Linotype Baskerville
Satz: Josefine Urban – KompetenzCenter, Düsseldorf
Druck und Bindearbeiten: Ebner Ulm
Printed in Germany
ISBN 3-612-27291-8

Kellys, wir bleiben euch treu!

1

Daniela Limbach zog den Staubsauger am Schlauch ins Wohnzimmer, stellte ihn an und begann, die Düse in regelmäßigen Strichen über den Teppich zu führen. Dabei summte sie eine Phantasiemelodie vor sich hin.

Sie trug schwarze Jeans und ein rot-schwarz kariertes Flanellhemd. Die dunkelblonden halblangen Haare hielt sie sich mit einem roten Nickituch aus dem Gesicht.

Ihr Summen wurde von dem monotonen Motorengeräusch des Saugers übertönt, ansonsten war es ganz still in der Drei-Zimmer-Wohnung.

Sie zog den Sauger in den Flur und öffnete die Tür neben dem Wohnzimmer. Annas Zimmer. Die Wände waren mit Postern der Kelly Family tapeziert, und sogar an den Schranktüren hingen Bilder der Popgruppe. Auf dem Schreibtisch lagen ordentlich gestapelt mehrere Schulbücher, Hefte und Zeitschriften, auf dem Fensterbrett dahinter gerahmte Bilder von Paddy Kelly neben kleinen Andenken: eine Schneekugel, eine große rosa schimmernde Muschel, eine Porzellanschale mit glitzerndem Modeschmuck, eine noch in Folie verpackte Marzipanrose, ein Kaktus aus buntem Schaumgummi. Links neben dem Schreibtisch hingen zwei Pinnwände mit Farbfotos in verschiedenen Größen nebeneinander.

Daniela stellte den Sauger ab, steckte die Hände in die Hosentaschen und stellte sich vor die beiden Korkwände, betrachtete die Bilder, die für ihre »Große« offenbar bedeutsam waren: die meisten Jugendlichen auf den Fotos kannte sie. Der nette Sebastian mit den hellblonden kurzen Haaren und dem ernsten Blick, mit dem Anna etwa ein halbes Jahr lang gegangen war. Daniela hätte nichts einzuwenden gehabt, wenn diese Freundschaft länger gehalten hätte. Warum ihre Tochter sich von ihm getrennt hatte, wußte sie nicht genau. Sie ahnte nur, daß dieser René, Annas Ferienliebe, eine entscheidende Rolle spielte.

Sie betrachtete die Aufnahmen von René: ein großer, dunkelhaariger, gutaussehender junger Mann in übermütigen Posen am Strand. Er wirkte männlicher als Sebastian, fand Daniela, und sie konnte verstehen, daß ihre Tochter sich in ihn verliebt hatte. Trotzdem dachte sie, Daniela, nur mit Unbehagen an ihn.

Ein Wochenende hatte er bei ihnen verbracht, und Anna hatte ihr Vertrauen mißbraucht, war mitten in der Nacht in sein Zimmer geschlichen ... Daniela hielt sich für eine modern denkende Frau mit liberalen Ansichten, aber Anna würde erst im Januar sechzehn werden. Es war doch ein entscheidender Unterschied, ob sie, die Mutter, es stillschweigend tolerierte, wenn ihre 15jährige Tochter mit einem Jungen schlief, oder ob sie ihr offizielles Okay gab. Den Nachbarn gegenüber hatte Daniela damals, um kein Gerede aufkommen zu lassen, behauptet, René sei ihr Neffe.

Daniela ließ den Blick über die anderen Fotos wandern. Helen und Adrian, das unzertrennliche Liebespaar aus Annas Clique, an einem Baggersee aufgenommen. Vier aneinander hängende Paßbilder aus einem Automaten, die Anna und ihre beste Freundin Tatjana mit grauenvollen Grimassen zeigten. Ein großformatiges Gruppenbild von Annas Clique während eines Konzertes der Kelly Family: Michael, Mareike, Marie, Helen,

Adrian, Sebastian, Tatjana und Anna. Daneben eine verschwommene Aufnahme von Annas Vater Matthias mit seiner neuen Freundin Inka, Arm in Arm, sie strahlte in die Kamera, er küßte sie verliebt auf die Wange.

Daniela stellte den Staubsauger wieder an. Im Grunde wußte sie viel zu wenig von dem, was ihre Kinder, insbesondere Anna, bewegte. Sie hatten ihre großen und kleinen Geheimnisse, und sie, die Mutter, konnte nur darauf vertrauen, daß ihre Erlebnisse mit Freunden und Freundinnen harmlos waren.

Sie schob die Düse unter den Schreibtisch, am Stuhl vorbei, unter den kleinen Holztisch, der vor dem mit Kissen und Plüschtieren bedeckten Bett stand. Das Plumeau hatte Anna am Morgen selbst in den Bettkasten gelegt.

Daniela warf noch einmal einen Blick auf das Bild ihres Ex-Mannes mit seiner neuen Partnerin. Knapp 15 Jahre war Daniela mit Matthias verheiratet gewesen, und so sehr sie sich auch während der letzten Phase vor ihrer endgültigen Trennung gestritten hatten, so gut verstanden sie sich jetzt, wo sie in Scheidung lebten, wo sie sich nicht mehr Tag für Tag gegenseitig die Schuld daran gaben, ihr Leben vermurkst zu haben.

Matthias hielt regelmäßigen Kontakt zu seinen Kindern und unterstützte seine Familie finanziell so sehr, daß er selbst ständig am Rande des Existenzminimums lavierte. Vielleicht machte ihm sein Gewissen zu schaffen, hatte Daniela schon manches Mal überlegt, weil er sich vorwarf, seine Familie zerstört und ins Unglück gestürzt zu haben.

Aber so war es nicht. Daniela lächelte unbewußt, während sie Annas Zimmer schloß und den Raum gegenüber, Charlottes Reich, betrat. Sie selbst war rundherum zufrieden mit ihrem Leben, und mit ihren drei Kindern bildete sie eine komplette Familie, auch ohne »Mann im Haus«. Auf Anna, die dreizehnjährige Charlotte und den elfjährigen Alexander konnte sie stolz sein. Die beiden Mädchen besuchten das Gymnasium, der Kleine ging seit diesem Jahr zur Realschule. Klar, daß sie immer mal wieder Konflikte miteinander austrugen, und unter den Geschwistern flogen häufig die Fetzen, aber im Grunde liebten sie sich und hielten zusammen. Alles im grünen Bereich, würde Alexander sagen.

Daniela seufzte, während sie sich in Charlottes Zimmer umblickte. Auch hier waren die Wände mit Bildern der Kelly Family zugekleistert, und an der Innenseite der Tür prangte ein lebensgroßes Poster von Angelo Kelly. Aber während die beiden Schwestern ihre Liebe zu der Popgruppe teilten, ging Charlotte Annas Ordnungssinn völlig ab. In einer Ecke türmte sich ein Kleiderberg, Bettlaken und Plumeau lagen zerwühlt auf der Matratze und obenauf ein auf links gedrehtes zerknittertes Big-Shirt, das der Dreizehnjährigen als Nachthemd diente.

Daniela überlegte, ob sie einfach die Tür wieder schließen und am Abend ein ernsthaftes Gespräch mit Charlotte führen sollte. Dann aber entschied sie sich dagegen, warf die Kleiderhaufen aufs Bett und begann zu saugen. In den letzten Wochen hatte es so viele »ernsthafte Gespräche« mit Charlotte gegeben, daß Daniela es ziemlich satt hatte.

Charlotte war eigentlich ein liebenswertes Mädchen, aber ihr Leichtsinn, ihre Spontaneität und ihre Neigung, sich von allen möglichen Leuten manipulieren zu lassen, brachten sie immer wieder in die unmöglichsten Situationen. Einmal war sie von zu Hause ausgerissen und alleine zum Hausboot der Kelly Family nach Köln getrampt, und vor wenigen Wochen hatte sie sich einer kriminellen Clique von Inline-Skatern angeschlossen, die auf trickreiche Art harmlose Passanten beraubten. Zwar hatte Charlotte überzeugend und unter Tränen versichert, daß es ihr nicht ums Geld gegangen sei – aber wer außer der eigenen Familie fragte schon nach dem Motiv, wenn man erwischt wurde? Einem Opfer der räuberischen Clique war Charlottes Schülerpaß in die Hände gefallen, und der Mann hatte versucht, Anzeige zu erstatten. Bis ihm erklärt wurde, daß eine Dreizehnjährige nicht strafmündig sei und nicht belangt werden könne.

Auch wenn Familie Limbach – am meisten natürlich Charlotte – erleichtert war, die Sache ging der Mutter bis heute nicht aus dem Kopf. Und das hing vor allem damit zusammen, daß sie sich als Alleinerziehende besonders hohe Maßstäbe setzte. Es lag ihr viel daran, ihrer Umwelt zu demonstrieren, daß sie durchaus auch ohne Unterstützung eines Mannes in der Lage war, drei Kinder zu vernünftigen Menschen zu erziehen.

In solchen Situationen, die Charlotte heraufbeschwor, nagte immer auch das schlechte Gewissen an Daniela: Überließ sie ihre Kinder zu häufig sich selbst? War sie zu wenig autoritär? Gelang es ihr nicht, ihr Vertrauen zu gewinnen?

Der Staubsauger gab ein häßliches, fiependes Geräusch von sich, als Daniela das Rohr in die Lücke hinter dem Schrank führte. Daniela fluchte leise und stellte ihn ab. Vermutlich hatte sie eine einzelne Socke eingesaugt. Sie zog das Gerät in die Diele.

»Alexander!« rief sie, und als der Junge nicht reagierte, öffnete sie seine Zimmertür. Ihr Gesichtsausdruck wurde ganz weich, als sie ihren Sohn an seinem Schreibtisch sitzen sah, den Kopf tief über ein Schulheft gebeugt.

»Alexander?«

»Hu!« Der Elfjährige schrak zusammen, wandte sich um und ließ in der gleichen Bewegung sein »Schulheft« in der Schublade verschwinden.

Daniela holte tief Luft und preßte die Lippen aufeinander. Dann ging sie mit energischen Schritten auf den Schreibtisch zu und zog ein »Clever & Smart«-Heft aus der Schublade. Sie klatschte es auf den Tisch. »Hatten wir nicht ausgemacht, daß du heute nachmittag die englischen Vokabeln paukst?«

»Hab' ich schon«, behauptete Alexander und zog eilfertig sein Vokabelheft aus dem Schulranzen. »Hier, schau, ich habe jedes Wort dreimal geschrieben, samt Übersetzung. Die sitzen jetzt, bestimmt.«

Daniela nahm ihm das Heft aus der Hand. »Das werden wir gleich überprüfen, okay?«

Alexanders Wangen verfärbten sich, aber er bemühte sich um einen gleichmütigen Gesichtsausdruck. »Wenn du nichts Besseres zu tun hast . . .«

»Ich setze mich ins Wohnzimmer und schaue mir die Vokabeln an. Könntest du vielleicht in der Zwischenzeit den Staubsauger auseinandernehmen? Ich glaube, der hat eine Socke geschluckt.«

»Logo.« Alexander liebte es, wenn seine Mutter in technischen Belangen um seine Hilfe bat.

Wenig später hockte der Junge auf dem Teppich im Flur, umgeben von Einzelteilen des Saugers und einem Set Stricknadeln, mehreren Schraubenziehern und einer Grillzange, während Daniela im Wohnzimmer ihre Englischkenntnisse auffrischte, um sich bei der

Aussprache der Vokabeln gegenüber ihrem Sohn nicht zu blamieren.

Es klingelte an der Tür, und ein paar Sekunden verstrichen, ohne daß sich Mutter und Sohn in ihren Tätigkeiten stören ließen.

Es klingelte erneut.

»Mach mal auf!« rief Daniela.

»Nö. Das ist bestimmt Charlotte. Wahrscheinlich hat sie mal wieder ihren Schlüssel vergessen oder ist zu faul, ihn aus der Tasche zu ziehen. Reicht doch, wenn ich mich hier mit ihrer stinkenden Socke abrackere.«

Wieder klingelte es. Diesmal zweimal hintereinander.

Daniela stieß die Luft aus und stand auf, um den Türsummer zu betätigen. Dann lehnte sie die Wohnungstür an und setzte sich wieder ins Wohnzimmer, um sich »Mr. and Mrs. Baker on the beach« zu widmen.

Jemand klopfte an die Tür, und Alexander erhob sich. Also doch nicht Charlotte. Die wäre einfach hereingestürmt.

Vor ihm stand ein mittelgroßer Mann mit dunkelblonden etwas zottelig fallenden Haaren. Er trug Jeans, ein Cordhemd und darüber eine schwarze Lederjacke. In der Hand hielt er einen schwarzen Aktenkoffer, der überhaupt nicht zu seinem Erscheinungsbild paßte. Er grinste Alexander an.

Der Elfjährige sah keine Veranlassung, das Grinsen zu erwidern. »Ja?« Wie ein Zeuge Jehovas sah der Typ nicht aus, eher wie ein Drücker, der ihnen Zeitungsabonnements andrehen wollte.

»Bist du Alexander Limbach?«

»Wer will das wissen?« gab Alexander lässig zurück. Irgendein Rauhbein in einem alten Western hatte mal so reagiert, und so schwer es dem Jungen auch fiel, sich Englischvokabeln zu merken, so selbstverständlich behielt er coole Texte für jede Gelegenheit im Gedächtnis.

Das Grinsen des Mannes wurde, wenn möglich, noch eine Spur breiter. »Ich heiße Jonas Ewald und würde mich gerne mal mit deiner Mutter unterhalten.«

Daniela war inzwischen in den Flur getreten. Sie gab Alexander mit einem unauffälligen Schubser zu verstehen, daß er verschwinden solle. Mit gerunzelter Stirn musterte sie den Fremden. »Was kann ich für Sie tun? Wir kaufen nichts.«

Jonas Ewald stellte sich noch einmal vor und fügte dann hinzu: »Ich komme vom Jugendamt und würde mich gerne ein paar Minuten mit Ihnen unterhalten.«

Alexander riß die Augen auf und stieß mit einem Pfiff die Luft aus. Sein Blick ging zwischen seiner Mutter und dem Beamten hin und her, und Daniela gab ihm mit einer Kopfbewegung zu verstehen, er solle sich endlich in sein Zimmer verziehen.

Daniela war die Aufregung deutlich anzumerken. Ihr Hals hatte sich gerötet, sie zwinkerte nervös und strich sich mit fahrigen Bewegungen die Haare aus dem Gesicht. Was mochte das Jugendamt von ihr wollen? Das konnte doch nichts Gutes bedeuten, obwohl dieser Ewald nicht gerade wie ein Vollzugsbeamter aussah, sondern auf den ersten Blick richtig sympathisch.

Mit einer einladenden Handbewegung bat sie ihn ins Wohnzimmer und war dankbar, daß sie es heute geschafft hatte, die Wohnung aufzuräumen. Sie nahm noch rasch das Vokabelheft vom Tisch und wischte mit der Hand über die Platte, als hätte das Heft Krümel hinterlassen.

Jonas Ewald ließ sich in den Ohrensessel fallen, auf den Daniela deutete, öffnete seine Aktentasche und zog ein paar Papiere in einem Hängeordner heraus, während Daniela sich angespannt auf die Kante des Sofas setzte. Die Hände klemmte sie zwischen die Knie, dann blickte sie den Mann auffordernd an, während ihr Herz bis zum Hals klopfte.

Jonas Ewald lächelte leicht, und es wirkte fast entschuldigend, wie Daniela registrierte. Sie konnte sich keinen Reim darauf machen.

»Ich will gleich auf den Punkt kommen, Frau Limbach. Die Polizei hat uns informiert, daß Ihre Tochter...« Er blickte auf seine Papiere. »...Charlotte in eine unangenehme Sache verwickelt war.«

Natürlich, Charlotte! »Sie meinen...«

Jonas Ewald überflog erneut seine Akten, bevor er sie unterbrach. »Ich meine diesen Trickdiebstahl in der City...«

»Aber das ist doch längst erledigt«, fiel ihm Daniela ins Wort. »Charlotte hat mit dieser Clique nichts mehr zu tun. Und das erbeutete Geld hat sie als Wiedergutmachung an diesen Mann geschickt, der Anzeige gegen sie erstatten wollte. Ich versichere Ihnen, das war ein einmaliger Ausrutscher meiner Tochter, sie war sich über ihr Tun gar nicht im klaren, verstehen Sie? Sie hatte sich in den Anführer dieser Clique verliebt und wollte alles mitmachen, um ihn zu beeindrucken...«

»Sie brauchen sich nicht aufzuregen, Frau Limbach«, sagte Jonas Ewald weich und lächelte sie an. »Ich bin weder Richter noch Polizist, und ich glaube Ihnen auch, daß Sie Vertrauen zu Ihrer Tochter haben können. Schließlich wurde sie zum ersten Mal auffällig. Wir vom Jugendamt wären auch wegen dieses einzelnen Vergehens gar nicht aktiv geworden. Normalerweise hätten wir die Meldung der Polizei registriert und zu den Akten gelegt, verstehen Sie?«

Nein, Daniela verstand nicht. Was bedeutete denn »normalerweise«? Sie sah den Beamten verständnislos an.

Jonas Ewald mußte wieder auf seine Papiere blicken. »Sie haben noch eine Tochter, Anna, richtig?«

Daniela nickte und mußte sich räuspern. Sie beugte sich ein Stück weit vor und legte den Kopf ein wenig schräg. Ihre Gedanken wirbelten durcheinander. Daß Charlotte Dummheiten machte, war zwar unerfreulich, aber es kam nie unerwartet. Daniela wußte, wie leicht die Dreizehnjährige zu beeinflussen war, und wie naiv sie sich häufig verhielt. Aber Anna? Ihre große, vernünftige, kluge Tochter? Was konnte die bloß angestellt haben?

Jonas Ewald schien nicht zu wissen, wie er beginnen sollte. »Tja, also... uns wurde bekannt, daß sie häufig wechselnde Beziehungen zu jungen Männern unterhält, die... nun, die auch über Nacht bleiben...« Er hob die Schultern, und es sah wieder so aus, als wollte er sich für diese Feststellung entschuldigen.

Daniela verlor alle Farbe aus dem Gesicht. Dann lehnte sie sich wie ermattet zurück. »Das ist nicht wahr«, sagte sie einfach, und ihre Stimme klang in ihren eigenen Ohren fremd.

Jonas Ewald nickte, als wolle er ihr zeigen, daß er auf ihrer Seite war. »Wie ich schon sagte, ich bin nicht gekommen, um Sie oder Ihre Kinder zu verurteilen. Wissen Sie, die meisten Leute haben ein falsches Bild vom Jugendamt, denken gleich an Erziehungsmaßnahmen, Heimeinweisung und solche Sachen. Aber im Grunde ist das

Jugendamt ein Dienstleistungsbetrieb. Wir möchten Ihnen unsere Hilfe anbieten, wenn Sie glauben, daß Sie mit Ihren drei Kindern überfordert sind.«

Daniela hatte sich wieder gefangen. »Ich bin keineswegs überfordert«, sagte sie mit fester Stimme. »Ich liebe meine Kinder, und ich glaube, daß es mir gelingt, aus ihnen verantwortungsvolle, selbstbewußte Menschen zu machen. Daß das bei dem einen schwerer, bei dem anderen leichter funktioniert, ist ja wohl ganz natürlich. Über Charlottes Kapriolen haben wir innerhalb der Familie lange diskutiert, und die Konsequenzen trägt meine Tochter selbstverständlich alleine, weil sie weiß, daß sie einen großen Fehler gemacht hat. Aber was Annas angeblich »häufig wechselnde Männerbekanntschaften« angeht«, Daniela klang nun ganz kühl, »muß ich Ihnen sagen, daß Sie falsch informiert sind. Es ist richtig, daß meine Tochter Freundschaften schließt, und sie ist auch schon mit…« Daniela zog die Augenbrauen zusammen, während sie kurz nachdachte, »zwei Jungen in ihrem Alter fest gegangen. Sie ist fünfzehn Jahre alt, wird im Januar sechzehn, und sie hat das Recht, erste Erfahrungen zu sammeln. Doch übernachtet hat bei uns bislang noch kein Junge…« Daniela stutzte, starrte auf das gerahmte Kalenderblatt neben dem Wohnzimmerschrank, als übermittle es ihr eine Botschaft. Dann senkte sie den Kopf und blickte auf den Teppich. »Jetzt muß ich mich doch korrigieren. An einem Wochenende hatten wir eine Urlaubsbekanntschaft von Anna zu Gast. René Melchert. Aber der junge Mann schlief in Charlottes Zimmer, die beiden Mädchen zusammen in Annas Zimmer…« Auf einmal fühlte Daniela eine grenzenlose Wut in sich aufsteigen. Wie kam sie eigentlich dazu, sich rechtfertigen zu müssen?

Sie hatte sich wirklich nichts vorzuwerfen. »Was bedeutet eigentlich, daß es Ihnen »bekannt« wurde? Ich meine, das kann doch nur heißen, daß irgend jemand meine Familie angeschwärzt hat, oder etwa nicht?« Im Geiste ging sie alle Nachbarn durch, denen sie damals, als René übers Wochenende blieb, erklärt hatte, ihr Neffe käme zu Besuch, um keine »Mißverständnisse« aufkommen zu lassen. Aber natürlich war sie nicht von Tür zu Tür gegangen, um keinen zu vergessen. Sie hatte nur bei denjenigen Nachbarn Vorsorge getroffen, bei denen sie es für nötig hielt, weil sie dafür bekannt waren, daß sie sich gern in anderer Leute Angelegenheiten einmischen.

»Uns hat tatsächlich eine Nachbarin informiert, aber Sie werden Verständnis dafür haben, daß sie anonym bleiben will.«

Daniela preßte kurz die Lippen aufeinander. »Das kann ich mir gut vorstellen«, stieß sie hervor. Nun, da sie wußte, weswegen Jonas Ewald gekommen war, ging es ihr schon wesentlich besser. Es gab keine Überraschungen, und sie glaubte dem Beamten, daß sich das Jugendamt nur versichern wollte, daß es keinen Grund zur Sorge in der Familie Limbach gab.

Für einen kurzen Moment ging Daniela durch den Sinn, ob Ewald auch dann gekommen wäre, wenn sie nicht alleinerziehend wäre. Galt eine alleinerziehende Mutter von vornherein als »verdächtig«? Aber sie stellte die Frage nicht, um keine Aggressivität aufkommen zu lassen. »Kann ich Ihnen einen Kaffee anbieten?«

Auch Jonas Ewald entspannte sich und nickte dankbar, während er die Akten wieder in dem Koffer verstaute. »Gerne, wenn es keine Umstände macht.« Wenn es nach ihm gegangen wäre, hätten sie dem Fall Limbach von vornherein keine Beachtung geschenkt. Ein Ausrutscher der jüngeren Tochter, und ein an den Haaren herbeigezogener Hinweis aus der Nachbarschaft. Jonas Ewald hatte genug Berufserfahrung, um die Sachlage angemessen zu bewerten, und er verfügte über genug Menschenkenntnis, um Daniela Limbach einzuschätzen: eine liebevolle, verantwortungsbewußte Mutter, die sich nach allen Kräften bemühte, die Erziehung ihrer drei Kinder und ihre eigene Berufstätigkeit unter einen Hut zu bringen. Jonas Ewald hatte den Eindruck, daß es ihr im Großen und Ganzen gelang.

Während sie Kaffee tranken, erkundigte sich Jonas Ewald, wie Daniela Limbach mit ihren drei Kindern den Alltag gestaltete, und Daniela erzählte ihm von ihrer Halbtagsstelle in der Speditionsfirma, und daß sie sich die Arbeit im Haushalt teilten. Jedes der Kinder hätte seine Pflichten, und meistens würden sie ihnen auch nachkommen. Klar, daß sie sich mehr Luxus leisten könnten, wenn sie ganztags arbeiten ginge, aber auch mit dem Geld, das sie zur Zeit verdiente, kamen sie ganz gut über die Runden. Zumal der Vater der Kinder sie so großzügig, wie es ihm selbst möglich war, unterstützte. Daniela legte viel Wert darauf, daß ihre beiden Töchter und ihr Sohn nicht den ganzen Tag auf sich allein gestellt waren. Auch wenn Anna schon sehr selbständig sei, genoß sie es doch, wenn ihre Mutter nachmittags im Hause sei.

Jonas Ewald hörte interessiert zu und begann dann von sich aus, über seine Arbeit zu erzählen: mit welchen Familienverhältnissen er konfrontiert wurde und daß er schon häufig zu der Einsicht gelangt war, daß es manchen Kindern im Heim besser ergehen könne als zu Hause. Aber natürlich würden solche Entscheidungen nicht aus dem Bauch heraus getroffen. Es gebe

Richtlinien, an die sich das Jugendamt zu halten habe.

Das Gespräch zwischen dem Beamten und Daniela Limbach entwickelte sich so angenehm, daß sie beide darüber die Zeit vergaßen.

Währenddessen machte sich Alexander in seinem Zimmer seine eigene Gedanken. Zunächst hatte er sich wieder hingebungsvoll seinem Comic gewidmet, aber seine Gedanken glitten immer wieder zu dem Typen vom Jugendamt, der hinter verschlossener Tür auf seine Mutter einredete. Was mochte ihn hierher getrieben haben?

Auf jeden Fall konnte es nichts Gutes bedeuten, entschied der Elfjährige, und als seine Neugier übermächtig wurde, schlich er sich aus seinem Zimmer und legte das Ohr an die Wohnzimmertür, nachdem er vorher einen Blick durchs Schlüsselloch riskiert hatte. Seine Mutter und der Typ sprachen nur leise miteinander, und so sehr sich der Junge auch anstrengte, drangen nur Wortfetzen an sein Ohr. Aber das, was er hörte, ließ sein Herz ein paar Takte schneller schlagen. Dieser Ewald hielt gerade einen Monolog, und er sprach sehr ernst. »Heimeinweisung unumgänglich...« bekam Alexander mit und »...zerrüttete Familienverhältnisse...«

Alexander lehnte sich für einen Moment mit dem Rücken gegen die Tür und hielt sich die Hand vor den Mund, während sich seine Gedanken überschlugen. Heimeinweisung? War ja klar, wer gemeint war. Seine Schwester Charlotte! Die war beim Klauen erwischt worden, und wäre er, Alexander, damals nicht als Retter in der Not aufgetreten und hätte Charlotte auf ihren Inline-Skates mit Hilfe seines Fahrrads durch die halbe

Stadt abgeschleppt, wäre sie an Ort und Stelle zur Polizei gebracht worden.

Alle in der Familie hatten geglaubt, die Sache sei erledigt, zumal Charlotte ihr gesamtes erbeutetes Geld einem ihrer »Opfer« geschickt hatte. Aber jetzt kam das dicke Ende!

Alexander versuchte, sich zu konzentrieren. Er würde beweisen, daß er auch in dieser Situation mit Umsicht und schneller Reaktion Schaden von der Familie abwenden konnte. Aber wie?

Logisch: Charlotte mußte verschwinden, irgendwo untertauchen, bis Gras über die Sache gewachsen war.

Er warf einen Blick auf seine Armbanduhr. Kurz vor sechs. Wenn Charlotte pünktlich war, müßte sie jeden Moment hereinschneien. Er durfte keine Sekunde mehr verlieren.

In Charlottes Zimmer durchwühlte er aufgeregt das unterste Regal im Kleiderschrank und fand einen ausrangierten Lederrucksack. Alexander hielt ihn prüfend hoch und entschied, daß er geeignet war. Mit spitzen Fingern zog er aus dem obersten Fach ein paar Slips und Unterhemden, die er in die Tasche stopfte. In dem Kleiderberg auf dem Bett fand er zwei reichlich zerknitterte Sweatshirts, zwei verschiedene, aber täuschend gleich aussehende Socken und das Nachtshirt.

Zielsicher zog er aus der hintersten Ecke der zweiten Schublade des Schreibtischs, verborgen unter Kopien und Zeitschriften, Charlottes Tagebuch, dessen Schloß defekt war, und steckte es ebenfalls dazu. Dann spähte er aus dem Zimmer, sah, daß die Wohnzimmertür noch immer verschlossen war, und huschte ins Badezimmer. Die Zahnbürste verschwand in der Tasche, ein Kamm und eine Dose Nivea, von der Alexander nicht wußte, ob

21

sie tatsächlich Charlotte gehörte. Aber auf solche Details kam es in einer Extremsituation natürlich nicht an.

Kaum hatte er sein Werk vollendet, hörte er auch schon die Wohnungstür klappen, und Alexander sprang mit einem Satz auf seine Schwester zu und verschloß ihr mit einer Hand den Mund, während er versuchte, sie ins Badezimmer zu drücken.

Zu Charlottes Ärger kam die Angst, ihr Bruder könnte endgültig den Verstand verloren haben. Sie wehrte sich nach Leibeskräften.

»Pssss«, zischte Alexander ihr zu. »Ich erklär's dir gleich. Komm mit.«

Völlig überrumpelt stolperte Charlotte ins Badezimmer und registrierte fassungslos, daß ihr hirnverbrannter Bruder auch noch die Tür verschloß und sich dagegen lehnte, als wolle er mit vollem Körpereinsatz verhindern, daß Charlotte sie eintrat.

Mit beiden Fäusten ging Charlotte auf ihn los. »Bist du verrückt geworden, oder was? Was soll das Theater?«

Alexander schloß für eine Sekunde die Augen, um sich zur Ruhe zu zwingen, nachdem er seine wütende Schwester abgewehrt hatte. »Jetzt hör mir doch bitte mal zu. Im Wohnzimmer sitzt ein Typ vom Jugendamt, und er bespricht gerade mit Mama die nötigen Formalitäten, um dich ins Heim einzuweisen.«

Charlottes Schultern sackten nach vorn, und ihre Augen schienen hervorzutreten, während sie ihren Bruder anstarrte. »Wie bitte?« Ihre Stimme war kaum mehr als ein Flüstern. »Was soll ich denn jetzt tun?«

»Alles bereits erledigt«, behauptete Alexander und drückte ihr den Rucksack in die Hand.

Charlotte starrte auf das Teil, dann wieder auf ihren Bruder.

»Du mußt jetzt untertauchen, sonst hast du keine Chance...«

Die Dreizehnjährige hob die Schultern, und ihre Augen schimmerten feucht. »Aber wo soll ich denn hin?«

»Weiß ich doch nicht«, fuhr Alexander sie an. »Ich weiß nur, daß du keine Zeit verlieren solltest. Jeden Augenblick kann der Typ aus dem Wohnzimmer kommen, und wenn er dich entdeckt, nimmt er dich gleich mit.«

Das sah Charlotte ein, und wenig später stand sie unschlüssig auf der Straße vor dem Mietshaus, den Rucksack geschultert, und überlegte, was jetzt aus ihr werden sollte.

2

Zur gleichen Zeit hockten die drei Freundinnen Anna, Tatjana und Marie auf dem Boden in Tatjanas Zimmer und breiteten acht CDs um sich herum aus: die neueste Produktion der Kelly Family »Almost Heaven«. Sie war heute auf den Markt gekommen, und die Mädchen hatten es in den letzten Wochen kaum abwarten können und immer wieder in dem kleinen Musikladen in der Innenstadt nachgefragt. Der Verkäufer hatte sie für die drei Mädchen reserviert.

Auf kleine gelbe Notizzettel schrieb Anna die Namen ihre Freunde aus der Kelly-Family-Clique – Sebastian, Michael, Mareike, Adrian und Helen – und heftete sie an die Schutzhüllen. Dann legte sie auf jede CD noch das Restgeld. Sie hatte vorher von allen das Geld eingesammelt, denn 160 Mark vorzustrecken war natürlich unmöglich für jemanden, der siebzig Mark Taschengeld im Monat bekam.

Marie und Tatjana waren in die Betrachtung des Covers vertieft, und ihren Gesichtern war die Enttäuschung deutlich anzusehen. »Wie guckt denn Paddy auf dem Bild?« sprach Tatjana aus, was Marie auch sofort aufgefallen war.

»Hm«, machte Marie, ohne den Blick von dem Cover abzuwenden. »Sonst sieht der um Klassen besser aus.«

Anna hatte die CDs sortiert und nahm sich nun auch ihre eigene zur Hand, beugte sich darüber. »Echt blöde«, urteilte auch sie sofort. »Aber Angelo ist auch nicht besser getroffen. Guckt mal, das sieht aus, als hätte er Akne auf der Stirn.«

Die beiden anderen Mädchen gingen näher mit den Nasen heran und nickten zustimmend. »Am besten sieht auf diesem Foto Jimmy aus, oder? Mit dem kleinen Sean auf dem Schoß, das ist ja echt niedlich.«

»Die Frauen sehen auch gut aus«, befand Anna.

Sie blätterten die kleine Broschüre durch, und dabei erhellten sich ihre Gesichter. Die Fotos von Paddy im Innenteil zeigten ihn so, wie die Mädchen ihn liebten: mit roten Wangen, nachdenklich, verträumt, konzentriert, und bei dem letzten Bild im Heft, eine Schwarz-Weiß-Aufnahme, stieß Marie einen kleinen Juchzer aus. »Ich flippe aus!« sagte sie übermütig. »Ist er darauf nicht süß?«

Tatjana und Anna stimmten ihr begeistert zu.

»Das werde ich abfotografieren«, entschied Marie. »Und dann lasse ich es mir zu einem Poster vergrößern.«

»Darfste gar nicht«, bemerkte Tatjana.

»Mach ich trotzdem. Wollt ihr auch einen Abzug?«

»Klar.« – »Was denkst du denn?«

»Jetzt leg doch endlich mal auf«, bat Marie, und Tatjana nahm die CD aus der Schutzhülle und legte sie auf den Player. Sie programmierte den dritten Song.

»If I would tell you how much you mean to me I think you wouldn't understand it ...« Angelos rauchige Stimme erfüllte das Zimmer, und die drei Freundinnen legten sich hin, verschränkten die Hände hinterm Kopf und lauschten andächtig und ergriffen. Diesen Song konnten sie tausendmal hören – und vielleicht hatten sie ihn auch schon so oft gehört – « er ging ihnen immer wieder ganz nah. Besonders, wenn Paddy mit der zweiten Stimme einsetzte, schossen ihnen leicht die Tränen in die Augen. Ein echter Song fürs Herz!

Als das Lied verklang, richtete sich Tatjana als erste wieder auf, um den Player erneut zu bedienen.

»Jetzt mach aber von Anfang an«, bat Marie, die gerade die Titelliste auf dem Cover studierte. Die meisten Songs kannten die Mädchen bereits von den letzten Konzerten.

Schwungvoll begann die CD mit »When the Boys come into town«, und die drei Freundinnen lasen, während sie zuhörten, die Texte mit. Es gab keinen Titel, der ihnen nicht auf Anhieb gefiel, aber ihre Favoriten waren »I can't help myself«, natürlich, Maites Schmusesong »Every Baby« und Paddys Lied »Fell in Love with an Alien«.

»Was heißt denn das?« fragte Marie sinnend, während Paddy im Hintergrund sang.

»Ist doch klar.« Tatjana fuhr mit dem Zeigefinger Liedzeile für Liedzeile nach. »Ich bin verliebt in eine Außerirdische...«

»Ne.« Anna schüttelte den Kopf. »›Fell‹ ist doch die Vergangenheitsform. Ich war verliebt«, korrigierte sie und übersetzte dann selbst: »Ich war verliebt in eine Außerirdische, war verliebt in ihre Augen, ich war verliebt in eine Außerirdische, und ich sage euch... Tatjana, guck mal nach, was ›disguise‹ heißt...«

Der Nachmittag verging im Nu, während die Mädchen sich mit der neuen CD ihrer Stars beschäftigten, und bald konnten sie die meisten Songtexte auswendig.

Die CD lief bereits zum vierten Mal von Anfang bis Ende, als Anna die Schutzhülle mit den Songtexten beiseite legte und es sich auf der Matratze, die Tatjana als Bett diente, gemütlich machte.

»Wann triffst du dich eigentlich das nächste Mal mit Kim?« wandte sie sich an Tatjana.

Über Tatjanas Gesicht glitt ein strahlendes Lächeln. »Du wirst es nicht glauben: Er kommt am Montag und bleibt eine ganze Woche hier.«

Marie sah erstaunt auf. »Das wußte ich ja noch gar nicht.« Sie fand, daß es sie auch etwas anging, wenn sich im Hause Meißner Besuch ankündigte. Seit einigen Monaten wohnte sie bei Tatjanas Familie, weil sie es bei ihren Eltern – ihrem gewalttätigen Vater vor allem – nicht mehr ausgehalten hatte. Wenn Tatjana Freund Kim aus Süddeutschland anreiste, würde Tatjana mit Sicherheit ihre komplette Freizeit mit ihm verbringen. Und was wurde dann aus ihr, Marie?

»Habe ich echt vergessen, dir zu sagen«, erwiderte Tatjana und blickte sie entschuldigend an.

»Und deine Eltern spielen da mit?« Anna musterte ihre Freundin zweifelnd.

»Klar. Die sind doch froh, wenn sie ihn endlich einmal richtig kennenlernen. Bisher habe ich ihn ja immer nur besucht, und mein Vater und meine Mutter wissen nur das über ihn, was ich ihnen erzählt habe.«

»Und wo soll er schlafen?« wollte Marie wissen.

»Ach, da findet sich doch irgendein Zimmer.« Die Villa der Meißners war riesengroß und lag in einem parkähnlichen Garten. Tatjana wuchs in einem Luxus auf, um den sie so manche ihrer Mitschüler beneideten. Und daß ihr Vater auch noch ein bekannter Schauspieler war, der sich in einer Arztserie einen Namen gemacht hatte, beeindruckte andere Jugendliche noch mehr. Tatjana selbst allerdings fand den Beruf ihres Vaters ätzend. Sie wollte mit dem Filmgeschäft nichts zu tun haben.

»Du hast es gut.« Anna seufzte schwer und starrte träumend an die Zimmerdecke. »Eine ganze Woche mit deinem Freund hier zu verbringen ... Bei mir ist es schon so lange her, daß ich bis über beide Ohren verliebt war, daß ich gar nicht mehr weiß, wie es sich anfühlt.«

Marie lachte schallend auf. »Und was ist mit deiner großen Urlaubsliebe René? Und Sebastian?«

»Ach, die . . .« Anna winkte ab. »An René verschwende ich echt keinen Gedanken mehr, und Sebastian . . .« Sie zuckte mehrmals die Schultern. »Ich kann mir gar nicht mehr vorstellen, daß ich wegen ihm mal Herzklopfen hatte. Ich empfinde für ihn fast wie . . . ja, für einen Bruder oder so.« Sie mußte schon wieder seufzen. »Vielleicht bin ich nach der Enttäuschung mit René nicht mehr fähig zu lieben«, sinnierte sie, aber Marie und Tatjana lachten sie aus.

»Warte mal ab«, sagte Tatjana, »wenn dir der Richtige über den Weg läuft, bist du gleich wieder Feuer und Flamme.«

Anna schob die Unterlippe vor und schüttelte den Kopf. »Kann ich mir echt nicht vorstellen.«

»Aber es gibt doch genug Typen, die mit dir gehen wollen«, warf Marie ein. »Such dir einfach einen aus.«

»Wer bin ich denn!« protestierte Anna. »Ne, wenn ich mich noch mal mit einem Typen einlasse, dann muß es schon so eine richtige Herzenssache sein.«

Marie verzog den Mund. »Du hast wenigstens die freie Auswahl«, sagte sie, »bei mir ist im Moment absolut tote Hose. Als ich noch mit Niklas ging, wurde ich ständig von irgendwelchen Typen angebaggert. Und ich hatte immer ein schlechtes Gewissen, wenn ich flirtete. Dann machte ich Schluß, und vom gleichen Tag an interessierte sich kein Typ mehr für mich. Merkwürdig, was?«

»Vielleicht hast du dich anders verhalten, als du mit Niklas gegangen bist?« überlegte Tatjana.

Marie musterte sie nachdenklich. »Aber wie denn?«

»Selbstbewußter oder so.«

»Also, wenn du meinst, ich hätte noch Komplexe, täuschst du dich aber.«

»Haste doch«, erwiderte Tatjana lapidar.

»Habe ich nicht!«

»Haste doch!«

Das erste Kissen bekam Tatjana an den Kopf, und gleich darauf entwickelte sich eine ausgelassene Schlacht mit allen Plüschtieren. Die Mädchen kicherten und alberten miteinander, bis sie erschöpft alle viere von sich streckten. »Aber jetzt im Ernst«, sagte Marie dann, immer noch außer Atem. »Seit ich mein Idealgewicht halte, fühle ich mich richtig wohl in meiner Haut.« Noch vor knapp einem Jahr war Marie ein pummeliges, schüchternes Mädchen voller Angst gewesen. Dann war sie in eine Eßstörung hineingeraten, aus der sie mit Hilfe ihrer Schwester, die als Krankenschwester arbeitete, wieder herausgefunden hatte. Marie hatte ihr Eßverhalten völlig umgestellt, ernährte sich vitamin- und ballaststoffreich und ließ die Süßigkeiten weitestgehend weg. So einfach war es, sich gut zu fühlen.

»Na ja, du mußt es schließlich am besten wissen«, gab Tatjana nach, auch, weil ihr etwas Neues eingefallen war: »Wir sollten mal wieder etwas losmachen«, bemerkte sie. »Die anderen aus der Clique sehen wir in letzter Zeit viel zu selten, findet ihr nicht? Und wann das nächste Konzert der Kellys ist, weiß auch kein Mensch.«

»Was sollen wir denn machen?« Anna tippte sich nachdenklich mit dem Zeigefinger gegen den Mund.

»Was haltet ihr von einer Welcome-Party für Kim?« schlug Tatjana vor.

»He, großartig!« rief Marie begeistert. »Dann lernt er auch gleich alle aus der Clique kennen.«

Tatjana nickte. »Genau.«

»Und wo soll die Party stattfinden?« wollte Anna wissen.

»Na hier.« Tatjana breitete die Arme aus. »Mein Zimmer ist doch groß genug für zehn, zwölf Leute. Aber hier einfach nur herumzuhocken und zu quatschen...« Sie runzelte die Stirn und starrte aus dem Fenster. »Wir sollten die Party unter ein Motto stellen...« Ihre beiden Freundinnen blickten sie abwartend an. Tatjana verfügte über eine rege Phantasie und brachte es immer wieder fertig, andere zu überraschen. Ihre Idee war es zum Beispiel auch gewesen, einen Kelly-Poetry-Club ins Leben zu rufen. Inzwischen hatte der Club fast hundert Mitglieder aus ganz Deutschland, die sich in regelmäßigen Abständen trafen, um neue Texte und Lieder über die Kelly Family auszutauschen. »Was haltet ihr davon, wenn wir alle bitten, ein Instrument mitzubringen?« Während ihr dieser Gedanke durch den Kopf ging, wurde ihr Grinsen immer breiter. »Wir machen zusammen Hausmusik, wie die Kellys früher!« Sie strahlte jetzt übers ganze Gesicht und blickte abwechselnd von Anna zu Marie, als wartete sie darauf, daß sie vor Begeisterung jubeln würden.

Doch Anna bekam erst mal einen Lachanfall. »Das gibt ein Chaos!« sagte sie, und Marie stimmte ihr kichernd zu.

»Kann denn einer von den anderen überhaupt ein Instrument spielen?« fragte Marie ihre Freundinnen.

Tatjana und Anna sahen sich an und zuckten gleichzeitig die Schultern. »Keine Ahnung«, meinte Tatjana. »Aber so eine Party ist ja ideal, um das herauszufinden, oder? Wer weiß, vielleicht ist Michael ein Genie an der Triangel.« Die Mädchen warfen sich bei dieser Vorstellung fast weg vor Lachen, aber hinterher waren sie sich einig, daß es auf jeden Fall eine Menge Spaß bringen würde, auch wenn es ein jämmerliches Konzert werden sollte.

»He, laßt uns doch richtig offiziell Einladungskarten verteilen«, schlug Anna vor.

»Gute Idee.« Tatjana suchte Tonpapier, ältere Ausgaben von Jugendzeitungen, Klebstoff und Scheren zusammen, und die drei Freundinnen setzen sich im Kreis auf den Boden. Sie schnitten lange Rechtecke der bunten Pappe aus und knickten sie in der Mitte. Auf die Vorderseite klebten sie aus den Zeitungen ausgeschnittene Abbildungen von Instrumenten und schrieben mit Plakafarbe »Hausmusik!« darauf. In den Innenteil schrieben sie den Einladungstext mit Datum und Ort.

Während sie bastelten, lief »Almost Heaven« inzwischen zum siebten Mal, und gemeinsam sangen sie die Lieder mit. Alle drei genossen die kreative, harmonische Stimmung, bis Tatjanas Vater von der Treppe her nach seiner Tochter rief.

Tatjana verdrehte die Augen. »Wahrscheinlich will er sich meine Hausaufgaben ansehen«, vermutete sie. Sie legte die Karte, an der sie gerade arbeitete, zum Trocknen zur Seite. »Ich bin gleich wieder da.« Dann lief sie nach unten, blieb etwa fünf Minuten und kehrte dann im Laufschritt und völlig aus dem Häuschen vor Glück in ihr Zimmer zurück. Sie stellte sich mitten in den Raum, breitete die Arme aus, und ihre Augen glitzerten, während sie abwechselnd Marie und Anna anblickte. »Ich habe eine Riesenüberraschung für euch!«

Die beiden anderen hielten in ihrer Arbeit inne und warteten angespannt und fast platzend vor Neugier, daß Tatjana weiterreden würde.

Aber genau das tat Tatjana nicht. Sie setzte sich wieder neben Anna, nahm ihre Schere und fuhr mit dem Basteln fort: »Aber die wird erst auf der Fete verraten.«

Anna stieß die Luft aus, als hätte sie sie eine halbe Minute lang angehalten, und Marie griff sich an die Stirn und ließ sich einfach nach hinten plumpsen. »Jetzt spann uns nicht auf die Folter«, bat Anna. »Was ist denn passiert, erzähl schon!«

Tatjana preßte grinsend die Lippen aufeinander, als müßte sie an sich halten, um die Neuigkeit nicht einfach herauszuposaunen, und schüttelte vehement den Kopf.

Und alles gute Zureden an diesem späten Nachmittag nutzte nicht: Tatjana blieb eisern, und Anna und Marie blieb nichts anderes übrig, als zu rätseln und sich in Vermutungen zu ergehen. Tatjana war noch nicht einmal bereit, einen winzig kleinen Hinweis zu geben. Sie lächelte nur voller Vorfreude vor sich hin.

3

Charlotte hatte die Alternativen, die ihr zur Wahl standen, durchdacht: Sollte sie zu ihrer besten Freundin Bianca gehen, die in der Nachbarschaft wohnte und mit der sie den ganzen Nachmittag verbracht hatte, zu ihrem Vater, der am anderen Ende der Stadt lebte und wahrscheinlich gar nicht zu Hause war, sollte sie einfach unter einer Brücke schlafen oder sich gleich herunterstürzen?

Nach reiflichem Überlegen entschied sie sich für die erste Möglichkeit, obwohl das bedeutete, daß sie Bianca in die ganze Situation komplett einweihen mußte. Aber das hätte sie früher oder später sowieso getan, denn Bianca war wirklich ihre allerbeste Freundin, vor der sie keine Geheimnisse hatte. Sicher würde sie erst mal dumm aus der Wäsche gucken, wenn sie, Charlotte, eine Viertelstunde, nachdem sie sich voneinander verabschiedet hatten, wieder vor der Tür stand.

Und mit dieser Vermutung traf Charlotte ins Schwarze. »Was ist denn mit dir los?« entfuhr es Bianca, nachdem sie die Tür geöffnet hatte und Charlotte in sich zusammengesackt und mit Trauermiene vor sich stehen sah.

»Kann ich 'ne Weile bei dir bleiben?«

Bianca öffnete die Tür ein Stück weiter. »Klar kannste bleiben, warum fragst du denn so komisch? Wir essen erst in einer halben Stunde zu Abend, wenn meine Eltern nach Hause kommen . . .«

Charlotte schlurfte mit hängendem Kopf in die Wohnung. »Ich meine, auch länger als 'ne halbe Stunde. Ich verzieh mich einfach in dein Zimmer, wenn ihr Familienrunde habt. Muß ja keiner merken.«

Bianca war sichtlich irritiert, und jetzt bemerkte sie auch den Rucksack, den ihre Freundin bei sich trug. Sie nahm Charlotte an die Hand und führte sie in ihr Zimmer. Ihr Bruder David saß im Wohnzimmer vor dem Fernseher, und Bianca spürte instinktiv, daß es ihn nichts anging, was Charlotte ihr zu sagen hatte. Sie setzte sich auf den Teppichboden vor ihrem Bett, gegen das sie sich mit dem Rücken lehnte, und klopfte auffordernd auf den Platz neben ihr.

Charlotte hockte sich hin und verbarg das Gesicht in beiden Händen. »Ich stecke in Schwierigkeiten, Bianca«, sagte sie zwischen den Fingern hindurch. »Bei uns zu Hause sitzt ein Typ vom Jugendamt und will mich ins Heim bringen. Zum Glück hat Alexander mich rechtzeitig gewarnt und mir geraten, irgendwo unterzutauchen.« Sie schniefte und wischte sich mit dem Handrücken über die Nase, bevor sie ihrer Freundin direkt in die Augen blickte. »Du darfst mich jetzt nicht hängenlassen, Bianca. Ich weiß sonst nicht, wohin ich gehen soll«, sagte sie mit flehendem Unterton.

Während sie Charlotte zugehört hatte, war Biancas Unterkiefer heruntergeklappt, und sie starrte sie mit offenem Mund an. »Moment mal, das geht mir ein paar Takte zu schnell«, sagte sie dann und schüttelte den Kopf, als wollte sie ihn klarbekommen. »Wieso taucht dieser Typ einfach auf und will dich mitnehmen? Das gibt's doch nicht, oder? Ich meine, du hättest doch schon vorher Wind davon bekommen, wenn es wirklich so wäre. Die hätten dich oder deine Mutter doch warnen oder zumindest darauf vorbereiten müssen. Die können dich doch nicht von heute auf morgen einfach so mitnehmen…«

»Wenn ich's dir doch sage!« begehrte Charlotte auf. »Ich habe gehört, wie er sich leise mit meiner Mutter im Wohnzimmer unterhalten hat, und Alexander hat richtig an der Tür gelauscht. Du kennst ihn ja. Der hat keine Hemmungen, aber in diesem Fall war es ja nur zu meinem Vorteil. Wenn er mir nicht den Sack gepackt und mich wieder auf den Hausflur geschoben hätte, säße ich jetzt vielleicht schon in einem kleinen Kämmerlein in einem Heim.« Charlotte zog zitternd die Luft ein bei der Vorstellung.

Bianca schloß für Sekunden die Augen, während sie eine beschwichtigende Geste mit den Händen machte. »Jetzt komm mal wieder runter, Charlotte. Das Ganze ist doch völlig absurd. Was hat Alexander denn genau gehört? Hat er dir das verraten?«

»Habe ich doch schon gesagt!« rief Charlotte verärgert, weil Bianca ihr Problem offenbar nicht so ernst nahm wie sie selbst. »Er hat gehört, daß ich ins Heim eingewiesen werden soll.«

Bianca schüttelte entschieden den Kopf. »Das glaube ich nicht. Da ist Alexanders Phantasie mit ihm durchgegangen. Oder er wollte dich wieder mal hochnehmen. Wäre ja auch nicht das erste Mal.«

Charlotte rappelte sich hoch und blickte mit blitzenden Augen auf ihre Freundin. »Dann tut es mir leid, daß ich dich belästigt habe. War wohl die falsche Entscheidung, zu dir zu kommen.« Das hatte ihr auch noch gefehlt, daß Bianca sich gegen sie stellte!

Bianca griff nach ihrer Hand und zog sie mit leichtem Druck, damit sie sich wieder setzte. Aber Charlotte befreite sich wütend aus ihrem Griff. »He, nun komm mal wieder auf den Teppich, Charlie«, sagte sie ganz weich. »Wenn es darauf ankommt, verstecke ich dich jahrelang in meinem Zimmer. Zweifelst du wirklich daran?« Sie sah ängstlich zu ihr auf.

Charlotte wurde unsicher und begann, am Nagel ihres Zeigefingers zu knabbern, eine Angewohnheit, über die sie sich gar nicht bewußt war. »Du glaubst mir nicht, oder?«

Bianca stand auf, stellte sich vor Charlotte und packte sie leicht an den Oberarmen, um sie zu zwingen, ihr in die Augen zu blicken. »Klar glaube ich dir. Ich traue nur Alexander nicht über den Weg. Entweder war der Typ im Wohnzimmer gar nicht vom Jugendamt, und wenn doch, dann kam er vielleicht aus einem ganz anderen Grund…«

»Und wenn er doch recht hat? Nach Hause gehe ich jedenfalls nicht, solange ich das nicht ganz genau weiß…«

»Laß mich mal nachdenken…« Bianca runzelte die Stirn und setzte sich auf ihr Bett. Charlotte beobachtete sie skeptisch, während sie fast eine Minute lang vor sich hin brütete. Endlich sprang sie auf. »Ich hab's! David wird uns helfen.«

»Und wie?« Charlotte konnte sich nicht vorstellen, was Biancas überheblicher Bruder, der fünfzehn Jahre alt war und der sie behandelte wie Babys, für sie tun konnte. Und sie war sich auch nicht sicher, ob sie seine Hilfe wollte. Lange Zeit hatte Charlotte ein bißchen für ihn geschwärmt, und er hatte ihr unmißverständlich klargemacht, daß er sie niemals ernst nehmen würde. Eine ziemliche Demütigung für die Dreizehnjährige.

»Er soll bei deiner Mutter anrufen und sich mit verstellter Stimme als Polizist ausgeben, der dich abholen will.«

»Und dann?« Charlotte verstand überhaupt nichts mehr. Was sollte das wohl bringen?

36

»Na, überleg doch mal: An der Reaktion deiner Mutter werden wir erkennen, ob du wirklich ins Heim sollst oder nicht. Vielleicht sagt sie ja: ›Aber hier sitzt doch bereits einer vom Jugendamt, der sie mitnehmen will‹ oder so, und dann weißt du es ganz genau, und wir müssen uns überlegen, wie wir dich in den nächsten Monaten verstecken. Aber vielleicht sagt sie auch etwas ganz anderes, wie zum Beispiel ›Wie kommen Sie denn darauf? Meine Tochter hat sich nichts zuschulden kommen lassen‹ oder so. Dann weißt du auch, daß du gleich wieder abmarschieren kannst und das ganze ein Flop war.«

Das klang überzeugend, fand Charlotte, nur einen Haken hatte die Sache: »Das heißt, wir müssen David einweihen?« Dieser Gedanke gefiel ihr absolut nicht.

Bianca hob beide Hände und ließ sie wieder fallen. »Das Nötigste müssen wir ihm schon sagen, aber auch nicht mehr. Komm, laß es uns versuchen, bevor meine Eltern nach Hause kommen.« Sie nahm Charlottes Hand und zog sie hinter sich her ins Wohnzimmer.

David war zunächst kaum ansprechbar, vertieft in eine Science-fiction-Serie, und was die beiden Mädchen zu sagen hatten, interessierte ihn zunächst grundsätzlich nicht. Aber den Vorschlag, jemanden am Telefon zu verarschen, erweckte sein Interesse. Er ließ sich schildern, wie er sich zu verhalten hatte, und griff dann zum Hörer, nachdem er den beiden Girls mitgeteilt hatte, daß er glaube, sie seien nun völlig durchgeknallt.

»Polizeirevier 13, Schöller am Apparat. Spreche ich mit Frau Daniela Limbach?« sagte er kurz darauf mit tiefer Stimme bedächtig in die Muschel.

Charlotte drückte rasch die Mithörtaste, während sich Bianca die Hand vor den Mund hielt, um ihr Kichern zu unterdrücken. Unter besonderen Umständen war ihr Bruder also doch zu gebrauchen! Sein Polizistenton war wirklich überzeugend.

»Ja, bitte?« Die Stimme ihre Mutter klang freundlich interessiert, aber auch distanziert und eine Spur ängstlich.

»Es geht um Ihre Tochter....« David tat, als würde er Akten durchblättern, und knisterte zu dem Zweck mit der Fernsehzeitung. Auch Charlotte mußte nun grinsen. »...Charlotte. Sie sind im Bilde?«

»Ja?« Danielas Stimme hörte man an, wie angespannt sie nun war, und Charlottes Mut sank.

»Wir müßten dann noch den Termin abstimmen, wann wir vorbeikommen können, um sie abzuholen. Vielleicht könnten Sie sicherstellen, daß sie in einem kleinen Koffer die notwendigsten Utensilien gleich mitbringt, um die Angelegenheit nicht unnötig zu verzögern.«

»Moment mal«, sagte Daniela. »Wer sind Sie überhaupt? Ich hatte bis gerade eben ein Gespräch mit einem Herrn vom Jugendamt. Von Heimunterbringung war da keineswegs die Rede, und...«

Bianca prustete hinter vorgehaltener Hand, und auch Charlotte mußte ein Kichern unterdrücken, das allerdings nichts mit Fröhlichkeit zu tun hatte.

Am anderen Ende der Leitung schwieg Daniela eine ganze Weile. Dann sagte sie: »Ich verstehe...« Ihre Stimme klang nun sehr kühl.

»Sie sind also nicht über die Heimeinweisung informiert, Frau Limbach?« David blickte grinsend zu den Mädchen, die auf der Kante des Sofas saßen und die Köpfe vorgeneigt hatten, um nur kein Wort zu verpassen. Daniela schwieg sehr lang. Dann sprach sie mit ganz veränderter Tonlage: »Mein lieber junger Freund, warum suchst du dir nicht ein anderes Hobby, als fremde Leute in ihrer Freizeit zu belästigen? Zumal dir eindeutig das Talent zur Schauspielerei fehlt. Und Schmierenkomödien langweilen mich.« Knack. Daniela hatte den Hörer aufgelegt

David zuckte die Schultern und legte den Hörer ebenfalls auf, bevor er zur Fernbedienung griff und den Apparat wieder einstellte. »Das war's« sagte er cool, ohne die Mädchen anzublicken »Sonst noch was? Meine Spezialität sind Lehrer . . .«

»Ne, danke, David.« Bianca boxte Charlotte in die Rippen und nickte ihr aufmunternd zu. »Du hast uns echt geholfen.«

David reagierte nicht mehr, und die beiden Freundinnen verschwanden wieder in Biancas Zimmer. Bianca nahm ihre Freundin in die Arme. »Das war doch wohl eindeutig, oder?«

Charlotte nickte, erschöpft und erleichtert, und ihr Blick fiel auf den alten Lederrucksack, der ihr noch nie gefallen hatte. Sie hatte noch gar nicht nachgeschaut, was Alexander ihr alles eingepackt hatte. Sie lächelte dünn. »Trotzdem glaube ich nicht, daß Alexander mich auf den Arm nehmen wollte. Der war echt besorgt, glaub mir, ich kenne den. Aber er hat da wohl irgend etwas falsch verstanden. Wird Zeit, daß ich nach Hause gehe.«

»Warte«, sagte Bianca, eilte ins Wohnzimmer und kam mit dem Telefonapparat an langer Schnur zurück. »Ruf noch deine Mutter an, daß du dich verspätet hast. Sag einfach, wir hätten die Zeit vergessen oder so. Sonst gibt es bei dir zu Hause heute abend noch Zoff.«

Das Gespräch mit Jonas Ewald hatte sich viel erfreulicher entwickelt, als Daniela Limbach anfangs vermutet hatte, und als er ging, blieb sie zufrieden und vor sich hin träumend noch eine Weile im Wohnzimmer sitzen.

Den Rest des Abends hätte sie in allerbester Laune verbracht, wäre ihr nicht dieser unangenehme Telefonterror auf den Magen geschlagen, und als Sekunden darauf auch noch Charlotte anrief und sagte, daß sie in wenigen Minuten zu Hause sei, sie hätte einfach die Zeit vergessen, geriet Daniela ins Grübeln. Irgend etwas stimmte da nicht, sie fand nur keine vernünftige Erklärung. Aber instinktiv brachte sie Charlotte mit dem merkwürdigen Anruf des »Polizisten« in Verbindung. Zumal ihr dieses Kichern im Hintergrund so vertraut vorgekommen war. Aber welchen Sinn hätte eine solche Aktion?

»Alexander?«

Der Junge steckte den Kopf aus seinem Zimmer. »Ja?« Er deutete mit einer Kopfbewegung aufs Wohnzimmer. »Ist er weg?«

Daniela nickte. »Gerade gegangen. Du, ich hatte einen ganz merkwürdigen Anruf. Ich glaube, da wollte mich einer verschaukeln. Klang so, als wäre er in deinem Alter . . .«

»Was hat er denn gesagt?« fragte Alexander interessiert und trat, die Hände in die Hosentaschen vergraben, auf den Flur.

Daniela schüttelte, immer noch verwundert, den Kopf. « Er hat sich als Polizist ausgegeben, der Charlotte abholen will . . .«

Alexander riß die Augen auf. »Vielleicht war das gar keine Verarschung«, sagte er sofort.

»Völliger Blödsinn.« Daniela zog die Augenbrauen zusammen und machte eine wegwerfende Handbewegung. »Herr Ewald vom Jugendamt hat sich lange mit mir unterhalten und wollte nur wissen, ob ich vielleicht Hilfe brauche. Von Unterbringung in einem Heim war überhaupt nicht die Rede. Das wäre ja auch völlig absurd.«

»Aber er hat doch gesagt...« Alexander schlug sich die Hand vor den Mund und starrte seine Mutter erschrocken an.

Daniela holte tief Luft und stemmte die Hände in die Hüften. »Was hat er gesagt?« erkundigte sie sich scharf. »Sag bloß, du hast gelauscht?«

Alexander hatte sich gleich wieder gefangen. »Ich hab's nur zufällig mitbekommen, als ich zur Toilette ging, und er hat klipp und klar behauptet, daß eine Einweisung ins Heim unumgänglich ist. Das weiß ich ganz genau.«

Daniela warf genervt die Arme hoch. »Mein Gott, Alexander, er hat mir erzählt, was er schon in anderen Familien erlebt hat. Dabei ist möglicherweise das Wort ›Heim‹ gefallen.« Sie zögerte einen Moment, als ihr auf einmal einiges klar wurde. »Was hast du mit dem merkwürdigen Anruf zu tun?« wollte sie dann streng wissen.

»Gar nichts!« erwiderte Alexander empört. »Äh...« Er kratzte sich im Nacken. »Ich habe Charlotte nur geraten, sich erst mal aus dem Staub zu machen. Ich dachte, wenn sie nicht da ist, kann sie auch keiner mitnehmen.«

Daniela sah ihn schweigend an und nickte dabei mehrmals. Dann drehte sie sich um und verschwand in der Küche. »Wir werden morgen darüber reden«, zischte sie mühsam beherrscht. Im Moment war sie viel zu wütend, um ein vernünftiges Gespräch zu führen.

4

Anna gab ihrem Bruder erst mal eine Kopfnuß, als sie am nächsten Morgen beim Frühstück erfuhr, was sich gestern abgespielt hatte. Als Charlotte es nachmachen wollte, weil sie, nachdem sie den Rucksack wieder ausgepackt hatte, sicher wußte, daß Alexander Stammleser ihres Tagebuchs war, entwickelte sich eine wilde Rauferei um den Frühstückstisch, die Daniela mit einem energischen »Schluß jetzt!« beendete.

Ausführlich ließ sich Anna von ihrer Mutter schildern, was der Beamte überhaupt wollte.

Alexander und Charlotte verhielten sich ungewöhnlich kleinlaut, aßen schweigend und mit dem gleichen unschuldigen Gesichtsausdruck ihre Marmeladenbrote, als wollten sie nicht unnötig auf sich aufmerksam machen.

»Also, wenn du das nächste Mal lauschen mußt, dann gib dir wenigstens Mühe, es richtig zu verstehen«, fuhr Daniela ihren Sohn an. »Und nun zu dir, Fräulein . . .«

Charlotte sah auf, und ihre Wangen verfärbten sich augenblicklich dunkelrot.

»Was hast du dir eigentlich dabei gedacht, mir einen solchen Schrecken einzujagen? Wer war der Junge überhaupt, der angerufen hat?«

»Das war doch nur David«, antwortete Charlotte, als wäre das eine Entschuldigung. »Und wenn er nicht angerufen und herausgefunden hätte, daß das Ganze ein Flop war, wäre ich jetzt noch nicht zu Hause.«

»Traurig genug.« Daniela starrte verbissen in ihre Kaffeetasse. »Wieviel Vertrauen hast du eigentlich zu mir?«

fragte sie dann nach einer Weile und blickte ihre Tochter ernst an.

»Wieso? Was hat denn das damit zu tun?«

»Glaubst du wirklich, ich lasse zu, daß das Jugendamt dich mir einfach so wegnimmt, von heute auf morgen?«

Charlotte zuckte mehrmals die Schultern und hielt den Kopf gesenkt. »Weiß nicht«, murmelte sie kaum verständlich und schluckte schwer. Plötzlich schluchzte sie auf, stand so hastig auf, daß der Stuhl umkippte, und setzte sich auf den Schoß ihrer Mutter. Sie schlang die Arme um ihren Nacken und legte das Gesicht an ihren Hals, während sie weinte. »Ich hatte solche Angst, daß ich von euch weg muß.«

Daniela drückte sie an sich und streichelte ihr über die langen lockigen Haare. Über Charlottes Schulter traf sich ihr Blick mit Annas. »Wenn du noch einmal so in Not bist, dann sprich bitte erst mit mir, bevor du irgendwelche verrückten Dinge anstellst, versprichst du mir das?« sagte Daniela leise.

»Mhm«, machte Charlotte, weil sie nun vor Heulen keinen Ton mehr herausbrachte.

»He, Charlotte, hast du dir schon die neue Kelly-CD besorgt?« erkundigte sich Anna munter, um ihre Schwester auf andere Gedanken zu bringen, und es funktionierte sofort.

Charlotte richtete sich auf und rutschte vom Schoß ihrer Mutter. »Ist die endlich erschienen? Wann?«

»Gestern. Ich habe sie gleich gekauft. Megastarke Songs, sage ich dir.«

»Echt?« Charlotte setzte sich wieder auf ihren Platz. »Warum hast du mir keine mitgebracht?«

»Pff…« machte Anna und zog eine Braue hoch, »dann hätte ich wieder monatelang auf mein Geld war-

43

ten müssen.« Aber als sie sah, daß Charlotte wieder ganz traurig blickte, fügte sie rasch hinzu: »Du kannst ja meine auf Kassette aufnehmen. Ich leihe sie dir, wenn du möchtest.«

»Das wäre natürlich galaktisch!«

Die gute Stimmung in der Familie Limbach war wiederhergestellt, und eine Weile aßen die vier schweigend weiter. »Übrigens«, begann Daniela dann zwischen zwei Bissen, »Jonas Ewald ist nicht nur wegen Charlotte gekommen.«

Alexander und Anna verschluckten sich gleichzeitig und husteten heftig: Alexander, weil er ständig Grund für ein schlechtes Gewissen hatte, und Anna, weil sie diese Bemerkung so überraschte.

»Es ging auch um dich, Anna.« Daniela musterte ihre Tochter ernst.

»Um mich?« Anna klang total fassungslos. »Was habe ich denn verbrochen?« Sie runzelte die Stirn beim Nachdenken, aber es wollte ihr einfach nichts einfallen, und Alexander widmete sich zufrieden seiner zweiten Scheibe Brot.

»Dem Jugendamt wurde zugetragen«, Danielas Stimme klang ungewöhnlich zynisch, »daß du häufig wechselnde Beziehungen zu jungen Männern unterhieltest, die auch die Nächte hier verbringen.«

Anna verlor die Farbe aus dem Gesicht und war so weiß wie der Kaffeebecher, aus dem sie ihren Milchkaffee trank. »Das kann doch nicht sein . . .« Sie mußte sich räuspern, weil ihre Stimme belegt klang.

»Leider ja . . .«

Alexander blickte zwischen seiner bewunderten großen Schwester und seiner Mutter hin und her, und als sie ihm zu lange schwiegen, hob er beide Arme, als verstünde er die Welt nicht mehr. »Ist das alles, was ihr dazu zu sagen habt? Ich meine, da schwärzt uns einer eiskalt an, und ihr habt nichts Besseres zu tun, als ins Grübeln zu versinken?«

Daß es sich um eine gemeine Lüge handelte, darüber war man sich in der Familie Limbach klar, ohne auch nur ein Wort darüber zu verlieren. Zumal Anna, selbst wenn sie es gewollt hätte, überhaupt nicht die Möglichkeiten gehabt hätte, ständig Typen über Nacht anzuschleppen. Schließlich passierte es im Höchstfall einmal pro Monat, daß Daniela abends ausging und nicht mitbekam, was zu Hause ablief.

»Was sollten wir denn deiner Meinung nach tun? Ich meine, wenn ich's richtig verstanden habe, hat dieser Beamte die Situation doch völlig korrekt eingeschätzt, oder etwa nicht?« wandte sich Anna an ihre Mutter.

»Ich denke ja«, erwiderte Daniela überzeugt. »Herr Ewald machte auf mich den Eindruck eines vernünftigen, klugen Mannes mit Menschenkenntnis.«

»Trotzdem«, beharrte Alexander, »daß da einer anruft und behauptet, die Anna würde sich ständig mit anderen Typen einlassen, das ist eine solche Schweinerei...« Der Elfjährige schnaubte fast vor unterdrückter Wut. »Das schreit nach Rache.«

Charlotte mußte lachen, weil Alexander sich so in seine Idee hineinsteigerte. »Du weißt doch gar nicht, wer es war«, sagte sie dann. »Oder hat der Typ vom Jugendamt das verraten?«

»Natürlich nicht«, antwortete Daniela. »So etwas läuft immer anonym ab.«

»Ich weiß, wer es war«, zischte Alexander und kniff ein Auge zusammen, während es in seinem Kopf arbeitete.

»Alexander«, sagte Daniela bedrohlich leise. Schließlich kannte sie die blühende Phantasie und den Einfallsreichtum ihres Sohnes. Und wenn etwas gegen seinen Gerechtigkeitssinn lief, war er schier unberechenbar.

Der nachdenkliche Ausdruck auf seinem Gesicht war verschwunden. Jetzt grinste Alexander nur noch breit. »Ja, bitte?«

»Ich warne dich ...«

»No problem.« Alexander zwinkerte Anna zu, die mit dieser verschwörerischen Geste überhaupt nichts anfangen konnte.

Die Struktur der Kelly-Family-Clique der 9 b des Schulzentrums hatte sich in den letzten Monaten verändert: Anna hatte sich von Sebastian getrennt, was einen entscheidenden Einschnitt bedeutete, denn die beiden hatten sozusagen das »Herz« der Clique gebildet.

Nun war Anna solo, und Sebastian ging mit Kristina aus der Parallelklasse, die ebenfalls Fan der Kellys war – ob nur Sebastian zuliebe, wußte keiner so genau. Schritt für Schritt hatte sich Kristina in die Clique integriert und zu den Mädchen und Jungen lockeren Kontakt geknüpft. Nur zu Anna fand sie einfach keinen Draht.

Außerdem gingen nun Michael und Mareike miteinander, von denen alle geglaubt hatten, sie könnten sich auf den Tod nicht ausstehen.

Das waren schon zwei Pärchen, und dazu kamen noch die beiden Unzertrennlichen: Adrian und Helen.

Anna, Tatjana und Marie waren die drei Singles unter den Paaren, und es passierte leicht, daß sie sich ein wenig wie Außenseiter fühlten. Sie hatten sich schon häufiger darüber unterhalten, daß der Zusammenhalt in der Clique nicht mehr so wie früher war.

Die drei Paare unternahmen auch gerne etwas miteinander, ohne die drei Mädchen zu informieren, und wenn nicht bald etwas passierte, was sie wieder stärker zusammenschweißte, dann drohte die Gefahr, daß sich die Clique in zwei Lager spaltete. Und das wäre zu traurig, fanden die drei Freundinnen.

Die geplante Fete bei Tatjana war mit Sicherheit ein erster Schritt, ein Auseinanderfallen zu verhindern. Außerdem verteilte Anna an diesem Morgen die CDs, die sie für die anderen besorgt hatte.

Kristina beobachtete mit kritischem Gesichtsausdruck, wie Anna Sebastian das kleine Päckchen und das Restgeld in die Hand drückte, und sie registrierte auch, daß sich dabei Annas und Sebastians Finger berührten. Anna lächelte ihn leicht an, und Kristina hatte das Gefühl, in ihrem Magen läge ein Stein. Es würde ihr so viel besser gehen, wenn Anna ihre Freundin werden würde. Dadurch, daß sich ihre »Vorgängerin« so distanziert ihr gegenüber verhielt, hatte Kristina das Gefühl, daß sie immer noch eine Gefahr für ihre eigene Beziehung zu Sebastian darstellte. Schließlich sah Anna phantastisch aus, war schlagfertig, klug und allseits beliebt. Sie selbst dagegen war voller Hemmungen, vermied Situationen, in denen sie im Mittelpunkt zu stehen drohte, und daß sie nicht aufsehenerregend gut aussah, wußte Kristina auch. Nicht, daß sie unattraktiv wäre. Aber sie fühlte instinktiv, daß Anna eine andere Ausstrahlung als sie selbst besaß. Einen Zauber, der auf Jungen wirkte. Vielleicht auch noch auf Sebastian ...

»He, die ziehe ich mir gleich nach der Schule rein«, sagte Michael und las die Titel auf der Rückseite.

»Ihr habt sie doch bestimmt schon gehört, oder?« wandte sich Sebastian an die drei Mädchen, die begeistert nickten.

»Ich halte sie für die beste CD der Kellys«, sagte Marie.

»Fast die beste«, meinte Adrian und übersetzte den Titel der CD: »Fast der Himmel. Sind das denn alles eigene Titel der Kelly Family?«

Tatjana nickte. »Ich habe nachgeschaut, weil mir manche Titel so vertraut vorkamen. Aber das liegt bestimmt daran, daß wir die Songs schon auf Konzerten gehört haben.«

Mareike war in die Betrachtung des Covers vertieft, und Michael grinste breit. »Na, wie gefällt dir dein Paddy?«

Mareike musterte ihren Freund überheblich. »Der hat echt 'nen süßen Hintern«, sagte sie – vor allem, um Michael eins auszuwischen.

Unter diesem neuen Aspekt betrachteten auch Anna, Tatjana und Marie das Cover erneut. Ja, wenn man es so sah, konnten sie Mareike nur zustimmen.

Michael lachte seine Freundin aus. »Habt ihr das gehört?« wandte er sich an die anderen. »Das sind die Kriterien, nach denen Mareike sich ihre Lieblingsmusik aussucht.«

Die anderen lachten verhalten. War das nun komisch? Irgendwie nicht ...

Mareike sah sich sofort in die Defensive gedrängt. »Was weißt du schon von guter Musik?« fuhr sie ihn an. »Wenn ich die CD gehört habe, bist du bestimmt der letzte, mit dem ich mich darüber unterhalte, welche Songs ich gut finde und welche nicht.«

Oh-oh. Tatjana und Anna wechselten einen Blick. Das klang ja nicht gerade nach ewiger Liebe, und daß die beiden ihre Auseinandersetzungen vor den anderen führten, war schon ziemlich peinlich. Dadurch zwangen

48

sie unter Umständen die anderen, Partei zu ergreifen, und das war auch nicht gut für die Stimmung innerhalb der Clique.

Tatjana zog aus ihrem Rucksack die Einladungskarten für die Hausmusik-Party hervor und verteilte sie in der Runde. »Tä- tä«, machte sie dabei.

Alle Mädchen waren sofort begeistert von der Idee und lobten Tatjana und ihre Freundinnen für die tolle Einladung. Die Jungen hatten ihre Zweifel, tuschelten miteinander und lachten sich kaputt. »He, was ist los?« erkundigte sich Tatjana mit gerunzelter Stirn bei Sebastian und Michael, die sich gerade bogen vor Lachen.

»Ich kann kein Instrument spielen«, erklärte Sebastian feixend, »es sei denn, ihr akzeptiert das Kinderglokkenspiel meines kleinen Bruders.«

»Wir akzeptieren alles«, erwiderte Anna und grinste ihren Ex-Freund an. »Wenn ich mich recht erinnere, hast du eine gute Singstimme. Das würde ja schon reichen...«

»Also, ich weiß nicht...« Sebastian senkte, immer noch lachend, den Kopf.

Adrian fand die Idee zwar witzig, aber auch gut. Keiner – außer Helen – wußte, daß er hervorragend Gitarre spielte.

»Singst du denn mit mir im Duett?« Sebastian beugte sich grinsend zu Anna, und sie gab ihm einen kameradschaftlichen Puff in die Seite.

Demonstrativ hakte sich Kristina bei Sebastian ein und lachte einfach mit den beiden, obwohl ihr mehr zum Heulen zumute gewesen wäre. Wie vertraut sie miteinander umgingen, wie sie sich anlachten, sich bei jedem Wort verstanden... Immer wieder stiegen Zweifel in Kristina hoch, ob sie wirklich nichts mehr füreinander empfanden.

Damals hatte Anna Schluß gemacht, und was würde geschehen, wenn sie ihre Meinung plötzlich änderte? Würde Sebastian dann jubelnd zu ihr zurückkehren und keinen Gedanken mehr an sie, Kristina, verschwenden?

Sebastian legte einen Arm um Kristina und küßte sie auf die Wange, als hätte er ihre Gedanken gelesen, aber richtig erleichtert war Kristina trotzdem nicht.

»Dein Freund Kim, Tatjana, der ist doch ein richtiger Crack an der Gitarre, oder?« wandte sich Michael an Tatjana, und als sie lächelnd nickte: »Kann der uns nicht einfach was vorspielen, und ihr Mädels macht den Background-Chor?«

Nachdem das Lachen der anderen verebbte, sagte Tatjana: »Das könnte dir so passen, dich einfach berieseln zu lassen. Ne, das ist ja gerade der Sinn der Aktion, daß alle sich aktiv beteiligen.«

Sie verbrachten die ganze große Pause mit Diskussionen über die geplante Party, und auch wenn es viel Albernheiten und Zweifel gab, am Ende freuten sich alle darauf.

Ein paar Meter weiter, an den Klettergerüsten, saßen Bianca und Charlotte zusammen, die beide die siebte Klasse besuchten. Die Freundinnen beugten sich über die neueste Ausgabe einer Jugendzeitschrift. Sie hatten die Seite aufgeschlagen, auf der ein Beraterteam auf die Sorgen und Nöte der Jugendlichen einging.

Diesmal war Biancas Anfrage abgedruckt. Ihr Problem war, daß sie glaubte, nicht ›normal‹ zu sein, weil sie sich in Barby Kelly verknallt hatte. Die Jungen der Musikerfamilie fand sie zwar interessant, aber überhaupt nicht so aufregend wie die sensible hübsche ›Traumtänzerin‹ der Kellys. Als erstes hatte sich Bianca Charlotte

50

anvertraut, was sie große Überwindung gekostet hatte, und da Charlotte auch keinen Rat wußte, hatte sie ihr vorgeschlagen, sich anonym an dieses Psychologenteam zu wenden.

Ihr Brief war stark gekürzt abgedruckt, aber er enthielt die wichtigsten Punkte. In der Antwort schrieb die Psychologin, daß die verschiedenartigen Gefühle in der Pubertät viele Jugendliche verwirrten und daß sie nicht versuchen solle, darüber zu spekulieren, was denn nun als ›unnormal‹ gelte. Leider teilte sie, Bianca, nicht mit, ob sie auch in Mädchen aus ihrem direkten Umfeld verliebt und ob sie schon einmal mit einem Jungen befreundet gewesen sei. In ihrem Alter bewunderten, so schrieb die Psychologin, viele Mädchen Frauen, insofern sei ihre Reaktion keineswegs ungewöhnlich. Sie solle ihre Gefühle genießen, aber gleichzeitig mit offenen Augen durchs Leben gehen und sich nicht in eine Traumwelt zurückziehen. Dann würde sie irgendwann selbst herausfinden, wohin ihre Neigungen tendierten.

»Aha«, sagte Charlotte und klappte die Zeitschrift zu.

»Was hältst du von dieser Antwort?« Bianca musterte ihre Freundin von der Seite.

Charlotte hob die Schultern. »Weiß nicht so genau. Ob die dich für verrückt halten, von wegen Traumwelt und so . . .?«

»Meinst du echt?« Bianca blätterte wieder zu der Seite und überflog die Zeilen noch einmal. »Ne, denke ich nicht. Aber was ich jetzt tun soll, weiß ich auch nicht.«

»Hier steht's doch«, sagte Charlotte resolut und suchte mit dem Zeigefinger die Zeile. »Du sollst mit offenen Augen durchs Leben gehen. Das heißt doch nichts anderes, als daß du einen Freund brauchst.«

»Bist du sicher?« Bianca war an diesem Morgen sehr verunsichert.

»Na klar! Überleg doch mal, wenn du mit einem Jungen gehst, dann wird das schon irgendwie funktionieren, daß du dich in ihn verliebst. Und dann ist dein Problem gelöst.«

»Aber mit wem denn?« Bianca hob die Arme und ließ sie wieder sinken. Dann folgte sie Charlottes Blick, die sich mit blitzenden Augen auf dem Schulhof umsah, wo die Schüler und Schülerinnen in kleinen Grüppchen oder zu zweit zusammenstanden.

Charlotte wies mit dem Kopf auf zwei Jungen und bekam einen Kicheranfall. »Wie wäre es mit Galle?« Den pickeligen Jungen, der mit Nachnamen Gallinski hieß, hatten die beiden Mädchen schon vor einiger Zeit umgetauft. Er galt in Mädchenkreisen – erbarmungslos – als völlig indiskutabel.

Bianca stieß Charlotte in die Seite. »Jetzt hör aber auf ...«

»Und Möhre?« Charlotte wies auf einen großen dürren Klassenkameraden mit hervorstehenden Schneidezähnen. »Der ist auch solo.« Dann konnte sie nicht mehr an sich halten und hielt sich den Bauch vor Lachen.

Bianca verschränkte die Arme vor der Brust und schlug die Beine übereinander. »Du bist echt blöde. Ich wünschte, ich hätte dir gar nichts erzählt. Du machst hier nur deine Gags ...«

»Ach, komm«, Charlotte legte einen Arm um sie, »seit wann verstehst du keinen Spaß mehr? Ich meine ja nur, daß wir uns vielleicht in der achten oder neunten Klasse umsehen sollten, wenn wir den passenden Typen für dich finden wollen. Unsere Jungs sind doch durch die Bank weg ätzend.«

»Falko aus der 7 c ist ganz süß, oder?« bemerkte Bianca und wies in Richtung einer Jungenclique, die auf dem Schulhof mit einem Fußball kickte.

Charlotte spitzte die Lippen, während sie den Jungen abschätzte. Bisher war er ihr nicht aufgefallen. »Geht so. Aber der hängt doch immer nur mit seinen Fußballfreaks zusammen. An den kommen wir bestimmt nicht ran.«

Genau in diesem Augenblick schaute Falko in ihre Richtung, und Charlotte strahlte ihn an wie ein Spot ein Kunstwerk. Er erwiderte ihr Lächeln überrascht. »Oder vielleicht doch«, sagte Charlotte und dachte, daß sie ihn notfalls auch selbst nehmen würde, wenn sich Bianca doch für Mädchen entscheiden sollte.

5

Alexander war ein Junge, der mit Leichtigkeit Kontakt zu anderen Jugendlichen fand, und so hatte er auch gleich in seiner neuen Klasse auf der Realschule, die er seit August besuchte, zwei beste Freunde gefunden: Ingo und Christoph, die genauso gern wie er Streetball spielten oder vor dem Computer hingen. Gemeinsam hatten sie außerdem ihren Hang, andere Leute hochzunehmen und Streiche auszuhecken.

Von harmlosen Streichen konnte an diesem Nachmittag, als sich die drei Jungen in Alexanders Zimmer trafen, allerdings kaum die Rede sein. Alexander hatte zu einer »Sitzung« geladen, auf der Rachepläne geschmiedet werden sollten. Seine eigene Phantasie reichte zwar durchaus, um andere Leute zu verblüffen, aber gemeinsam mit Christoph und Ingo stellten sie ein unschlagbares Team dar.

Alexander hatte seine Kumpel insofern eingeweiht, daß es eine alte Hexe gäbe, der eine Lehre erteilt werden sollte, weil sie Lügen über seine Familie verbreitete, und mit dieser Information gaben sich die beiden anderen zufrieden.

»Wie heißt die Alte denn?« wollte Christoph wissen, während er sich auf dem Sofa lümmelte und eine Coladose zischend öffnete.

»Frau Hager.« Alexander spie den Namen völlig aus. »Und dabei sieht sie aus wie ein Büffel im Kittel.«

»Und die hat euch angeschwärzt?« vergewisserte sich Ingo.

»Klar.« Es kam einfach keine andere in Betracht, hatte

Alexander entschieden. Diese Frau, die er auf sechzig oder siebzig Jahre schätzte, war für ihn wie ein rotes Tuch, und wenn er im Hauseingang hörte, daß sie ächzend und humpelnd die Treppe hinunterging, verzog er sich regelmäßig im Keller, um ihr nicht über den Weg zu laufen. Obwohl es eigentlichen keinen konkreten Anlaß gab, zu glauben, sie hätte seine Familie auf dem Kieker. Bisher hatte er kein Wort mehr mit ihr gewechselt als die notwendigsten Höflichkeitsfloskeln beim Grüßen im Flur, wenn ein Zusammentreffen unvermeidbar war. Aber Alexander glaubte, über genügend Menschenkenntnis zu verfügen, und auch seine beiden Freunde stellten seine Vermutung mit keinem Wort in Frage.

»Hat sie Haustiere?« drang Christoph gleich zum Kern des Themas vor, und die beiden anderen lachten sich erst mal schlapp, während ihre Phantasie mit ihnen durchging.

»Ich glaube, sie hat zwei Katzen, aber die leben nur in der Wohnung«, brachte Alexander endlich hervor.

»Schade eigentlich«, meinte Christoph. »Das kommt immer gut, einer Katze eine Blechdose an den Schwanz zu binden.«

Ingo umfaßte mit Daumen und Zeigefinger seinen Nasenrücken, während er vor sich hin brütete. »Ne, das bringt's nicht. Die Mieze kann ja nichts dafür«, sagte er. »Hat sie einen Wagen?«

»Ach, die ist doch schon jenseits von Gut und Böse. Der haben sie doch bestimmt schon vor vierzig Jahren wegen Senilität den Führerschein abgenommen.«

Ingo zuckte die Schultern. »Kartoffeln im Auspuff oder eine kleine Verschönerungsaktion mit Farbe aus der Sprühflasche sind wirkungsvolle Mittel, um jemanden zur Besinnung zu bringen...«

Die drei Jungen tauschten noch eine ganze Weile ihre Vorschläge aus, und allein der Spaß, den sie dabei hatten, war die Sache wert, aber dann entschied Alexander: »Wir müssen richtig psychologisch vorgehen, so daß sie merkt, mit uns kann sie nicht mithalten. Gleichzeitig dürfen wir keine Spur hinterlassen, um uns nicht selbst in die Scheiße zu reiten... Wie macht die Mafia in diesen italienischen Filmen das immer? Irgendwas mit einem Fisch...«

»Genau!« rief Christoph begeistert. »Die werfen den Opfern zunächst einen toten Fisch in den Briefkasten, als Warnung sozusagen.«

Alexander war Feuer und Flamme. »Genau! So fangen wir's an. Erst kriegt sie den stinkenden Fisch, und dann in regelmäßigen Abständen kleine gemeine Nachrichten, auf ihrer Wohnungstür, auf kleinen Zetteln... Die soll einfach richtig Schiß kriegen, damit sie sich beim nächsten Mal überlegt, ob sie uns noch einmal anschwärzt oder nicht...«

Die Zimmertür ging auf, und Daniela Limbach steckte den Kopf zur Tür herein. Sie war perfekt geschminkt, und die halblangen Haare fielen seidig glänzend und frisch geföhnt auf ihre Schultern. »Ich bin heute abend nicht zu Hause«, sagte sie. »Mach keine Dummheiten, und geh rechtzeitig ins Bett, damit du morgen früh raus kommst, hörst du?«

»Logo, Mama. Wo gehst du denn hin?«

»Ich bin nur verabredet.«

»Aber mit Linda hast du dich doch erst gestern getroffen«, wandte Alexander ein.

»Ach, mir ist heute so nach Ausgehen.« Daniela sah keine Veranlassung, ihrem vorwitzigen Sohn Rechenschaft abzulegen, und lächelte nur hintergründig.

In der Diele verabschiedete sie sich auch kurz von Anna, die gerade mit Sebastian telefonierte. Auch ihre große Tochter zog die Augenbrauen hoch, nicht nur, weil Daniela wirklich gut aussah, wenn sie sich zurechtmachte, auch, weil es sie verwunderte, daß sich ihre Mutter erneut auswärts amüsierte. Das war in letzter Zeit so selten vorgekommen. Aber Anna behielt ihre Gedanken für sich, küßte ihre Mutter nur flüchtig auf die Wange, dann fiel die Haustür hinter Daniela ins Schloß.

»Sebastian? Ja, da bin ich wieder. Was ist nun mit den beiden Sweatshirts? Soll ich sie dir morgen in die Schule mitbringen, oder...« Die beiden Teile hatte sie beim Aufräumen ihres Kleiderschranks gefunden. Dabei hatte sie geglaubt, keine Erinnerungsstücke aus ihrer Zeit mit Sebastian mehr verwahrt zu haben.

Sebastian dachte ein paar Sekunden nach. »Wenn du Zeit hast, könnten wir uns jetzt noch kurz im Stadtwald treffen. Ich wollte sowieso mit Jan noch auf den Spielplatz, bevor es dunkel wird.« Seit Sebastians Mutter ihre Familie verlassen hatte, kümmerte er sich noch liebevoller um seinen vierjährigen Bruder.

»Einverstanden. In einer Viertelstunde auf der Bank vor dem Wäldchen?«

»Okay. Bis dann.«

6

Jan machte sich einen Spaß daraus, die Rutsche von der falschen Seite hinaufzusteigen und über die Leiter wieder nach unten zu klettern, und Anna und Sebastian beobachteten ihn eine Zeitlang, nachdem sie sich begrüßt hatten. Anna drückte ihm gleich den Leinensack mit den beiden gewaschenen Shirts in die Hand. Dann setzten sie sich auf die Holzbank, von der die grüne Farbe bereits an vielen Stellen bröselte.

»Wie hat Jan es eigentlich verkraftet, daß eure Mutter ausgezogen ist?« wollte Anna wissen.

Sebastians Gesichtsausdruck verdüsterte sich sofort, wie immer, wenn das Thema auf seine Mutter kam. In ihm brodelte ein Haß, den er ständig unter Kontrolle halten mußte. Er glaubte, ihr nie verzeihen zu können, daß sie ihre Familie im Stich gelassen hat.

»Er verhält sich ganz normal, geht gerne in den Kindergarten und zu seiner Tagesmutter. Natürlich fragt er manchmal, wann seine Mama nach Hause kommt, aber ich glaube, er vermißt sie nicht wirklich. Er hatte ja auch vorher, als sie noch bei uns lebte, kaum etwas von ihr. Die Erziehung überließ sie meinem Vater, mir und Gisela, seiner Pflegemutter.«

Anna musterte ihn von der Seite. »Du hast doch mal erzählt, daß sich dein Vater und deine Mutter zu so einer Art Friedenskonferenz getroffen haben. Damals glaubtest du, sie könnte vielleicht wieder zurückkommen…«

Sebastian machte eine wegwerfende Handbewegung. »Da haben die doch nur über die Besuchsregelung und die finanziellen Aspekte einer Scheidung verhandelt.

Aber können wir nicht über etwas anderes reden?« Er sah ihr bittend in die Augen, und Anna erkannte, daß er noch lange nicht darüber hinweg war. Die Familiensituation nahm er sich viel mehr zu Herzen, als es nach außen oft den Anschein hatte. »Hast du zum Beispiel schon Ideen für die nächste Ausgabe der Schülerzeitung?« Sebastian war der Redaktionsleiter, und Anna machte es viel Spaß, Beiträge zu liefern.

Anna stützte die Handflächen auf die Bank und richtete sich lebhaft auf. »Ja, ich dachte, ich mache einen Bericht über die verschiedenen Cliquen in den neunten Klassen. Wer zu wem gehört, was sie verbindet, wie sie ihre Freizeit gestalten . . .«

Sebastian schob die Unterlippe vor und nickte anerkennend. »Nicht übel. Und hast du schon eine Ahnung, worauf es hinausläuft?«

»Na ja, die meisten fühlen sich miteinander verbunden, wenn sie den gleichen Musikgeschmack haben. Wie wir ja auch in unserer Clique. Aber dann gibt es noch die heimlichen Raucher, die Intellektuellen, die auch in den Pausen nur fachsimpeln . . .«

»Das überschneidet sich doch sicher teilweise, oder? Schau, Adrian ist Kelly-Fan und Streber.« Sebastian lachte kurz auf, und Anna stimmte ein. Zumal sie wußte, daß Sebastian diese Bemerkung nicht böse meinte.

»Und Michael ist Kelly-Fan und seit ein paar Wochen heimlicher Raucher«, fügte Anna hinzu.

Sebastian grinste. »Du müßtest also deinen Bericht mehr auf die witzige Schiene bringen, vielleicht mit Karikaturen dabei oder so. Und Namen würde ich an deiner Stelle ganz raus lassen.«

»So hatte ich es mir auch überlegt. Sag mal, macht Kristina eigentlich auch mit bei der Zeitung?«

Sebastian hob die Schultern. »Keine Ahnung, aber ich könnte es mir gut vorstellen. Sie ist sehr vielseitig interessiert.«

Sie ist an allem interessiert, was du machst, ging es Anna durch den Kopf, aber sie sprach es nicht aus. Sie hielt Kristina für ein Mädchen, das sich ganz dem Jungen anpaßte, mit dem sie gerade ging, um nur keine Störungen zu verursachen. Eine Seelen-Besetzerin, die eifersüchtig darüber wachte, daß sie über alles im Bilde war, was ihr Freund in seiner Freizeit trieb. Aber möglicherweise war diese Anhänglichkeit genau das, was Sebastian gefiel. »Ihr versteht euch richtig gut, oder?«

Sebastian nickte. »Ich kann mir gar nicht mehr vorstellen, wie mein Leben ohne sie war.« Eine leichte Röte überzog seine Wangen, als ihm klar wurde, daß Anna diese Bemerkung als Beleidigung auffassen konnte. »Ich meine, natürlich ... äh, erinnere ich mich noch, wie schön es zwischen uns ...«

Anna boxte ihm auf den Oberschenkel und lächelte. »Schon okay. Ich habe dich richtig verstanden. Und was zwischen uns war, ist sowieso gegessen. Obwohl ich gerne an die Zeit mit dir zurückdenke.«

Sebastian grinste schief. »So wollte ich es auch sagen.« Er warf einen Blick auf den Spielplatz und entdeckte seinen Bruder auf der obersten Sprosse des Klettergerüsts, freihändig stehend. »He, Jan, halt dich fest da oben!« rief er ihm zu. »Komm mal wieder runter!«

Anna lehnte sich zurück und streckte die Beine aus. »Schade finde ich nur, daß der Zusammenhalt in unserer Clique in der letzten Zeit nachgelassen hat.«

»Ja, findest du?« Sebastian war ehrlich überrascht. Ihm war das noch gar nicht aufgefallen.

»Na ja, wir drei Solo-Girls fühlen uns manchmal

schon ausgegrenzt, wenn ihr zu sechst etwas unternehmt, ohne uns Bescheid zu sagen. Und wenn wir in den Pausen zusammenstehen und ihr haltet alle Händchen oder knutscht... Das ist ganz schön öde.«

»Ach so...« Sebastian nickte nachdenklich. »Das kann ich natürlich verstehen... Andererseits sind wir natürlich keine eingeschworene Gemeinschaft, und es kann immer mal wieder vorkommen, daß sich einer aus der Clique in jemanden verknallt, der nicht dazugehört. Wichtig ist doch nur, daß wir, was die Kelly Family betrifft, die Highlights des Jahres zusammen erleben und uns ansonsten nicht aus den Augen verlieren, oder?«

»Vielleicht hast du recht«, murmelte Anna. »Aber findest du nicht auch, daß es der Stimmung innerhalb der Clique wenig guttut, daß Mareike und Michael miteinander gehen? Diese ewigen Streitereien vor uns anderen gehen einem ganz schön auf den Nerv, oder?«

Sebastian verzog den Mund. »Das kannst du wohl laut sagen. Du müßtest mal hören, wie Michael über Mareike herzieht, wenn wir Jungen unter uns sind. Klar, wir lachen mit ihm mit, aber ich habe schon so manches Mal gedacht, daß die Beziehung zwischen den beiden mal übel endet. Mareike ist ja auch kein Mädchen, das alles einsteckt. Du, warte mal...« Sebastian stand auf und ging durch den Sand auf das Klettergerüst zu, weil Jan keine Anstalten machte, von alleine wieder herunterzukommen. Sebastian kletterte hinter ihm her, klemmte sich den Kleinen unter den Arm und brachte ihn so wieder auf den Boden.

Auch Anna stand auf. Die Laternen im Stadtwald brannten bereits, die Dämmerung war hereingebrochen. »Wir sehen uns morgen!« rief Anna Sebastian zu und winkte ihm lächelnd, bevor sie sich auf den Weg nach Hause machte. Sie ging mit dem angenehmen Gefühl im Bauch, das sie immer spürte, wenn sie ein gutes Gespräch geführt hatte.

Um ihr Taschengeld aufzubessern, gab Kristina Gernot mehreren Schülern aus den fünften und sechsten Klassen Nachhilfe in Deutsch und Englisch. An diesem Nachmittag hatte sie drei Stunden bei dem elfjährigen Oliver verbracht, der am nächsten Tag eine Deutscharbeit schreiben sollte und die erste bereits mit einer glatten sechs zurückbekommen hatte.

Während sie im Bus saß, der sie von der Innenstadt zu dem Reihenhaus-Wohngebiet brachte, in dem sie mit ihren Eltern lebte, ging sie in Gedanken noch einmal alle Punkte durch, die sie mit dem Jungen besprochen hatte. Ihrer Meinung nach hatte er den Stoff begriffen, aber ihn plagte eine dermaßen große Versagensangst, daß er vor lauter Aufregung wahrscheinlich morgen wieder kein Wort zu Papier bringen würde. Das war auch für sie frustrierend, aber sie wußte sich keinen anderen Rat, als dem Jungen immer und immer wieder zu bestätigen, daß er locker eine zwei schreiben konnte, wenn er nur die Ruhe bewahrte.

Der Bus war an diesem späten Nachmittag überfüllt von Menschen, und neben sie hatte sich ein fettleibiger Mann im Trenchcoat gesetzt, der eine Mischung aus Schweiß und penetrantem Tabakgeruch verströmte. Kristina wandte den Kopf zum mit Feuchtigkeit beschlagenen Fenster und wischte mit der Handfläche ein Guckloch frei.

»Stadtwald!« rief der Fahrer, als er den Bus in die Haltebucht lenkte. Mehrere Menschen drängelten sich hinaus, und Kristina starrte versonnen hinaus. Ohne Farbenspiel am Himmel ging die Sonne an diesem dunstigen, wolkenverhangenen Tag unter. Der Himmel war so grau wie die Bäume, die den Park umstanden.

Kristina blickte zum Spielplatz hinüber, der wenig einladend bei dieser Witterung wirkte. Aber doch, dort spielte ein Kind auf der Rutsche. Kristina kniff die Augen zusammen und drückte die Nase leicht gegen die Scheibe. Das war ja der kleine Jan! Das bedeutete, daß Sebastian in der Nähe sein mußte. Sie wußte, daß er gerne mit ihm auf den Spielplatz ging, und um diese Zeit wurde Jan auch normalerweise nicht mehr von seiner Tagesmutter betreut.

Kristina erhob sich und wollte sich an dem Dicken vorbeiquetschen, aber da fuhr der Bus schon wieder an. Trotzdem stellte sie sich in den Gang und drückte auf den Halteknopf. Die paar Meter von der nächsten Haltestelle hierher konnte sie auch laufen.

Sie freute sich sehr, Sebastian an diesem Tag doch noch zu sehen, vielleicht eine halbe Stunde mit ihm auf der Bank zu sitzen, sich zu berühren, in die Augen zu schauen, ein bißchen zu schmusen . . . Wenn es nach ihr gegangen wäre, hätten sie sich sowieso viel häufiger getroffen. Kristina genoß jede Sekunde, die sie in Sebastians Nähe war. Bisher war sie noch in keinen Jungen so verliebt gewesen wie in ihn.

Wenig später lief sie den Weg auf dem Bürgersteig zurück, und im Gehen schlang sie den Schal enger um ihren Hals und knöpfte die Jeansjacke zu. Zehn Minuten später erreichte sie den Haupteingang zum Park, und von dort aus konnte sie bereits sehen, daß Jan jetzt auf dem Klettergerüst turnte.

Sie bog hinter den hohen Kastanienbäumen auf den

Pfad ein, der zu der Bank führte, auf der tagsüber die Mütter saßen und wo sie jetzt Sebastian vermutete.

Dann stockte sie in der Bewegung, als sie ihn sah, machte rasch eine Kehrtwendung und versteckte sich hinter einem dicken Baumstamm. Eine instinktive Reaktion. Kristina spürte ihr Herz bis zum Hals klopfen, und ihr Atem ging schnell, während sie Anna und Sebastian im vertraulichen Gespräch auf der Bank entdeckte. In diesem Moment lachte Sebastian, und Anna stimmte ein.

Kristina fühlte einen dicken Kloß im Hals, und ihre Schultern sackten nach vorn, als sie eine tiefe Traurigkeit überfiel. Sie wandte sich um, verließ den Park und schlich mit gesenktem Kopf nach Hause. Auf den nächsten Bus wollte sie jetzt auch nicht mehr warten. Wenn sie zu Fuß ging, war sie in zwanzig Minuten daheim.

Anna, Anna, immer wieder Anna ... Seit sie mit Sebastian ging, sorgte diese Frau immer wieder dafür, daß sie sich mies fühlte. Klein, häßlich, unbeliebt, unbedeutend, und die Angst, daß Sebastian sie ihr doch noch vorziehen könnte, würde wohl nie aufhören.

Kristina hatte von sich selbst eine viel schlechtere Meinung als von Anna, und sie ging davon aus, daß alle Menschen genauso denken mußten: Anna hatte ein bildhübsches Gesicht, sie selbst sah nur durchschnittlich aus, Anna besaß eine aufregende Figur mit langen Beinen, sie selbst hatte einen zu dicken Po, Anna war bei Schülern und Lehrern gleichermaßen beliebt, sie selbst war auch schon einmal Zielscheibe des allgemeinen Spotts – die Klassendoofe – gewesen, und bei zwei Lehrern beschlich sie häufiger das Gefühl, sie könnten sie aus persönlichen Gründen nicht ausstehen.

Ob sich die beiden regelmäßig trafen, wenn sie, Kristina, ihre Nachhilfestunden gab? Sie mochte diesen

Gedanken gar nicht weiterverfolgen, weil er ihr regelrecht Übelkeit bereitete.

Vielleicht waren sie sich im Stadtwald auch nur zufällig über den Weg gelaufen, und es war doch selbstverständlich, daß man dann ein paar Worte miteinander wechselte... Aber nein. Zufällig um diese Uhrzeit zu dieser Jahreszeit? Ausgeschlossen.

Sie versuchte sich in Erinnerung zu rufen, wie Sebastian über Anna sprach, wenn sie das Thema auf ihre Vorgängerin brachte. Immer wieder hatte er ihr versichert, daß er nicht mehr in Anna verliebt sei, und dann hatte er sie immer geküßt und geneckt, um ihr zu zeigen, daß sie sich keine Sorgen zu machen brauchte. Kristina wollte ihm so gern Glauben schenken, aber schon der kleinste Anlaß erweckte ihr Mißtrauen. Und die beiden im Stadtwald miteinander zu sehen, war nicht der geringste Anlaß, fand Kristina.

Sie nahm sich vor, gleich heute abend Sebastian anzurufen. Nein, sie würde ihn nicht auf das ansprechen, was sie mit eigenen Augen gesehen hatte, aber sie würde erfahren, ob er daraus ein Geheimnis machte oder nicht. Und je nachdem, wie er reagierte, würde sie ihre Konsequenzen ziehen müssen.

Gegen acht Uhr am Abend, als ihre Eltern im Wohnzimmer saßen und sich die Nachrichten anschauten, nahm Kristina das Handy und zog sich damit in ihr Zimmer zurück.

Sie setzte sich an ihren Schreibtisch, wählte die Nummer und stützte die Ellenbogen auf, während sie mit klopfendem Herzen wartete, daß er sich meldete. Meistens ging er ja selbst an den Apparat, weil sein Vater, der als Rechtsanwalt in einer gutgehenden Kanzlei arbeitete, am Abend seine Ruhe haben wollte.

»Sebastian Rommers.«

»Ja, hallo, ich bin's . . .«

Die Freude in seiner Stimme war echt, das hörte Kristina sofort heraus. »Hallo, schön, daß du mir noch Gute Nacht sagen willst«, sagte er zärtlich. »Dann träume ich bestimmt besonders gut.«

»Und ich auch, wenn ich vorher noch deine Stimme höre«, erwiderte sie weich. »Was machst du gerade?«

»Ach, ich habe mir noch einmal das Biologiebuch vorgeknöpft, weil wir morgen einen Test machen, aber das ist auch nicht so wichtig. Für 'ne drei reicht's allemal. Ich bin froh, daß du mich auf andere Gedanken bringst.«

»Und? Wie war dein Tag?« fragte sie dann wie nebenbei, und zum Glück konnte er ihr über Telefon die Aufregung nicht anmerken. Ob er ihr sagen würde, daß er sich mit Anna getroffen hatte?

»Nichts besonderes. Nach der Schule war ich bei Adrians Eltern zum Mittagessen eingeladen, dann hat er mir seinen neuen Computer vorgeführt – ein tolles Teil, sage ich dir, und was für Spiele Adrian darauf installiert hat. Ist schon faszinierend.«

»Und dann?«

»Wie und dann?«

Kristina schluckte. Sie mußte aufpassen, daß sie nicht zu aufdringlich wirkte, damit er keinen Verdacht schöpfte. »Dann bist du nach Hause zu Jan?«

Sebastian schwieg kurz. »Is was?« erkundigte er sich. »Das hört sich ja an, als wolltest du mich verhören.«

»Quatsch.« Kristina wurde über und über rot. »Mich interessiert eben nur alles, was mit dir zusammenhängt. Aber wenn ich dir zu neugierig bin . . .«

»Nein, natürlich nicht«, sagte er besänftigend. »Ich

habe ja auch nichts zu verbergen. Was hast du denn so getrieben am Nachmittag?«

»Weißt du doch. Ich war bei Oliver zur Nachhilfe. Ziemlich stressig, kann ich dir sagen. Der Junge ist superschlau und setzt doch eine Arbeit nach der anderen in den Teich. Vielleicht rafft er es ja morgen endlich.« Sie merkte selbst, daß sie zu schnell und hektisch sprach, aber sie konnte einfach nichts dafür. »Was hältst du übrigens von dieser Einladung zur Hausmusik-Party von Tatjana? Ich finde die Idee richtig klasse. Ist mal was anderes.« Auf keinen Fall wollte sie weitere Fragen stellen, um ihm nicht auf die Nerven zu gehen.

»Ach, apropos Kelly-Clique. Heute am späten Nachmittag habe ich Anna im Stadtwald getroffen.«

Kristina glaubte, man müßte das Getöse hören, als ihr eine ganze Steinlawine von der Seele fiel. »Ach?« sagte sie nur.

»Ja, sie hatte angerufen, weil sie noch zwei Sweatshirts von mir besaß. Und ich sagte ihr, daß ich gleich mit Jan auf den Spielplatz gehen würde, sie könnte sie ja vorbeibringen. Ich bin froh, daß ich die Shirts wiederhabe. Sie gehören zu meinen Lieblingsteilen.«

»Und hätte sie sie dir nicht morgen in der Schule geben können?«

»Dann wäre ich den ganzen Vormittag mit einem Kleidersack herumgelaufen...« Sebastian stockte, als ihm klar wurde, wie es seiner Freundin offenbar zumute war. »Kristina«, begann er ganz lieb. »Wir haben doch schon so häufig über dieses Thema gesprochen. Wann fängst du endlich an, Vertrauen zu mir zu haben? Was soll ich denn noch tun, damit du mir glaubst, daß ich von Anna nichts mehr will?«

Aufhören, dich mit ihr zu treffen, hätte sie am liebsten geschrien, aber sie beherrschte sich, um nicht alles zu zerstören. »Ich kann einfach nicht über meinen Schatten springen«, sagte sie leise. »Weißt du, ich könnte sogar verstehen, wenn du sie lieber mochtest als mich, so toll wie sie aussieht . . .«

»Du gefällst mir viel besser«, erwiderte er sanft, »Und du solltest endlich aufhören, dich mit ihr zu vergleichen. Anna habe ich auf eine ganz andere Art lieb gehabt als dich, verstehst du? Bei dir habe ich das Gefühl, daß unsere Beziehung nie zu Ende geht und dabei immer aufregend bleibt, bei Anna war ich mir nie sicher, was in ihr vorging, und ich bin glücklich, daß es vorbei ist. Aber ich bin auch froh, daß sie mein Kumpel geblieben ist, und ich wünschte, du könntest das akzeptieren.«

»Versuche ich ja . . .« Kristina wischte sich die Tränen aus dem Gesicht, die teils aus Erleichterung und Freude über seine Worte flossen, teils aus immer noch nagendem Kummer.

»Am besten redest du mal mit Anna. Nicht über uns oder so. Aber vielleicht mögt ihr euch ja, und dann fällt es dir vielleicht leichter.«

»Ich finde keinen Draht zu ihr«, erwiderte Kristina. »Ich habe das Gefühl, sie blockt mich ab.«

Das konnte sich Sebastian zwar kaum vorstellen, aber andererseits war ihm schon häufig aufgefallen, daß Mädchen viel sensibler auf Stimmungen reagierten und mehr Details wahrnahmen als Jungen. »Ich verspreche dir, sie mal darauf anzusprechen.«

»Aber sag ihr bloß nicht, daß ich dich geschickt hätte!« baute Kristina sofort vor.

»Natürlich nicht.« Sebastian lächelte. »Ich hab' dich lieb, Kristina.«

»Und ich dich erst!« erwiderte sie leise und innig.

7

In der Villa der Meißners servierte Haushälterin Frau Klemmayer am nächsten Mittag eine Minestrone. Dazu reichte sie selbstgebackenes Vollkornbrot. Anfangs hatte die »Klemme«, wie Tatjana sie nannte, erhebliche Probleme mit der vegetarischen Ernährung gehabt, die Rolf Meißner angeregt hatte. Aber inzwischen servierte sie die köstlichsten Gerichte mit Gemüsen, Eiern, Käse und Sahne, und es war ihr ganz privater Ehrgeiz, die Familienmitglieder jeden Mittag aufs Neue im ›modernen‹ Stil zu verwöhnen.

Margarete Meißner sparte auch nicht mit Lob, und Tatjana und Marie bekundeten ihre Zustimmung wortlos, indem sie oft mehrmals einen Nachschlag nahmen.

Es war eine der seltenen Stunden, in denen Mutter Margarete und Tochter Tatjana mal allein am Mittagstisch saßen. Rolf Meißner hielt sich diese Woche in Norddeutschland auf, wo einige Szenen der Arztserie gedreht wurden, und Marie nahm nach der Schule noch an einer Foto-AG teil.

Tatjana war es ganz recht, daß im Hause keine Hektik herrschte, denn in etwa zwei Stunden müßte Kim eintrudeln. Er hatte über die Mitfahrzentrale einen Autofahrer gefunden, der ihn quasi bis vor die Villa der Meißners fahren würde, weil er selbst im gleichen Wohngebiet lebte.

Margarete Meißner, eine ruhige, in sich gekehrte Frau, die den Eindruck machte, mit ihrem Leben rundherum zufrieden zu sein, aß schweigend ihre Suppe, doch zwischendurch räusperte sie sich immer wieder, als brannte ihr etwas auf der Seele und sie wüßte nicht, wie sie beginnen sollte.

Tatjana jedoch gab sich glücklich ihren Tagträumen hin. Eine Woche mit Kim! Waren das nicht wunderbare Aussichten? Sie konnte es kaum mehr abwarten, sich in seine Arme zu schmiegen, seine Haut zu berühren, in seine Augen zu blicken, seine Stimme ganz natürlich, nicht durchs Telefon verzerrt zu hören . . .

»Äh, Tatjana-Liebes?«

»Mhm?« Tatjanas Blick schien aus weiter Ferne zu kommen, als sie sich ihrer Mutter zuwandte. »Ja?«

»Es gibt da etwas, was ich mit dir bereden wollte.«

Nun war Tatjana ganz aufmerksam. Sie zog die Augenbrauen hoch und wartete, daß ihre Mutter weiterreden würde.

So peinlich berührt, wie Margarete wirkte, schien es fast so, als wolle sie ihr eine Sünde beichten, und Tatjana war neugierig, was das wohl sein mochte. »Stimmt was nicht?«

»Doch, doch, ich wollte nur fragen, ob du . . . eigentlich die Pille nimmst.« Nun war es heraus, und Margarete schien eine große Sorge los zu sein, obwohl das Gespräch ja erst begonnen hatte.

Tatjana mußte kichern. »Wie du das sagst, klingt das richtig unanständig.«

»Jetzt mach dich nicht lustig über mich. Mir fällt es eben nicht leicht, über solche Dinge zu reden.« Margarete Meißner war bereits Anfang Fünfzig. Sie hatte Tatjana erst sehr spät, nach jahrelangem Warten auf ein Baby, bekommen. Zwar hatte sie sich stets bemüht, ihrer Tochter eine »jugendliche« Mutter zu sein, aber es gab eben gewisse Themen, die anzusprechen sie große Überwindung kosteten.

»Tschuldigung, Mama, ich finde nur, es fällt dir reichlich spät ein, mich das zu fragen. Wenn ich darauf gewartet hätte, wäre ich jetzt bestimmt schon schwanger.«

Margarete erschrak so sehr, daß ihr der Löffel aus der Hand fiel. Tatjana half ihr, das Kleid notdürftig mit einer Serviette trocken zu tupfen, da der Löffel genau in die Suppe geplumpst war. Endlich konnten sie weiteressen, aber der Mutter schien der Appetit vergangen, während sie ihre Tochter anschaute, als sähe sie sie zum ersten Mal. »Das heißt, ihr wart schon miteinander... intim?«

Tatjana preßte die Lippen aufeinander. Kichern war wirklich doof in dieser Situation, und im Grunde rechnete sie es ihrer Mutter hoch an, daß sie sich um ein vertrauliches Gespräch mit ihr bemühte. Auch wenn das Vokabular so altbacken war.

»Ja, wir haben schon miteinander geschlafen«, sagte sie. »Schließlich gehen wir jetzt schon... warte mal«, sie rechnete an den Fingern einer Hand mit und starrte dabei an die Zimmerdecke, »ja, fast drei Monate miteinander, und über den Poetry-Club kennen wir uns schon viel länger.«

»Und wann hast du dir die Pille besorgt?«

»Gleich zu Beginn.«

Margarete zog eine Augenbraue hoch, um ihre Mißbilligung zum Ausdruck zu bringen.

»Es ist nicht so, wie du denkst, Mama«, beeilte sich Tatjana zu erklären. »Ich kannte Kim ja schon durch unsere Briefe besser als jeden anderen Typ in meinem Freundeskreis. Und als wir uns trafen, wußte ich einfach nach ganz kurzer Zeit: Das isser, mit dem Typen willst du das erste Mal erleben.« Daß sie Kim, als sie noch Brieffreunde waren, für ein Mädchen gehalten hatte, und welcher

Schock es für sie war, als sich herausstellte, daß sie sich all die Monate einem Jungen anvertraut hatte, das verschwieg sie in diesem Moment lieber. Es tat ja auch nichts zur Sache. »War das denn bei Papa und dir anders?« Noch während sie die Frage aussprach, merkte Tatjana, daß es sie wirklich sehr interessierte. Merkwürdig, über die Sexualität ihrer Eltern hatte sie sich nie Gedanken gemacht.

Margarete schürzte die Lippen beim Nachdenken und stützte den Kopf auf die Fingerspitzen. »Verliebt war ich schon auf den ersten Blick«, begann sie dann wie zu sich selbst. »Weißt du, dein Vater war damals so ein richtiger Hallodri, so ein verwegener Typ mit ganz viel Flausen im Kopf und einer Menge Charme. Er wußte von Anfang an, daß er Schauspieler werden wollte, und ich glaube, ich war die einzige, die ihm das zutraute. Vielleicht hat ihm das so an mir gefallen.«

»Und hat er dich angemacht oder du ihn?«

Margarete lächelte leicht. »Ich habe ihm zu verstehen gegeben, daß er mir gefällt, und er hat sich dann um mich bemüht.«

»Und wie lange hat es gedauert, bis ihr das erste Mal miteinander geschlafen habt?«

Margarete errötete. »Das weiß ich nicht mehr so genau. Abe glaub mir, wir hatten es nicht so leicht wie ihr. Niemals hätte mir meine Mutter erlaubt, daß er bei uns übernachtet. Und wenn ich zu ihm gegangen wäre, bevor wir verheiratet waren...« Margarete schüttelte den Kopf bei dieser Vorstellung. »Dann wäre es vorbei mit meinem guten Ruf gewesen.«

»Aber geschlafen habt ihr trotzdem vor der Hochzeit miteinander.«

»Ja, schon...« Auf einmal kicherte Margarete wie ein

junges Mädchen. »Wir haben damals unter Freundinnen immer den Witz gemacht: ›Wo ein Wille ist, ist auch ein Gebüsch.‹«

Tatjana stimmte in ihr Lachen ein, und zwischen Mutter und Tochter war eine Atmosphäre von Vertrauen und Verstehen wie schon lange nicht mehr. Das gefiel Tatjana.

»Am besten hatten es die Jungen, die einen Wagen besaßen. Die kannten meist auch alle Parkplätze und versteckte Pfade im Wald.«

Tatjana kratzte sich sinnend mit dem Zeigefinger am Kinn. »Also, wenn ich's richtig verstehe, habt ihr auch nicht anders gehandelt als wir heute, nur daß alles viel heimlicher ablief.«

»Kann schon sein.«

»Dann haben wir es viel besser heute.«

Margarete hob die Schultern und lächelte hintergründig. »Ach, weißt du, Heimlichkeit hat auch seinen Reiz.«

»War's denn schön ... ich meine, beim ersten Mal?« Nun hatte auch Tatjana Schwierigkeiten, die richtigen Worte zu finden.

»Schön? Was heißt schon schön? Es war aufregend, und ich hatte Angst, schwanger zu werden.« Für einen Moment blickten ihre Augen ganz traurig, dann streichelte sie Tatjana über die Wange. »Ich ahnte ja damals nicht, daß es so lange dauern würde, bis du dich endlich ankündigst.«

Tatjana drehte den Kopf und küßte kurz die Handfläche ihrer Mutter.

»Und wir war's bei dir?« Margarete war nun viel lockerer.

»So, wie ich es mir immer vorgestellt habe. Weißt du, Kim ist ein sehr zärtlicher lieber Typ.«

»Ich freue mich, ihn endlich richtig kennenzulernen.«

Eine Stunde später klingelte es, und Tatjana flog förmlich aus ihrem Zimmer, in das sie sich zurückgezogen hatte, um noch ein wenig bei Kelly-Musik zu träumen, die Treppe hinunter. Sie öffnete die Haustür und fiel Kim um den Hals.

Er drückte sie fest an sich, küßte ihre Wangen, ihre Nasenspitze, ihren Mund, während Tatjana ihn anstrahlte. Manchmal dachte sie, wie gut es war, daß sie so weit voneinander entfernt wohnten. Andernfalls hätte sie vielleicht niemals diese unbändige Wiedersehensfreude erleben können, die sie völlig ausfüllte und keinen Platz für irgendein anderes Gefühl ließ.

»Schön, daß du endlich da bist!« sagte sie aus vollem Herzen und zog ihn in den Eingangsbereich. »Mama! Kim ist da!« Nachdem sie sich kurz zuvor so toll unterhalten hatten, machte es ihr nun besondere Freude, ihn ihrer Mutter vorzustellen, und als die beiden sich die Hand reichten, sah Tatjana abwechselnd von Kim zu ihrer Mutter. Die beiden mögen sich, stellte sie sofort fest, und es machte sie glücklich. Mal abwarten, wie ihr Vater reagieren würde, wenn er am Wochenende nach Hause kam.

Nachdem Tatjana ihm sein Zimmer gezeigt hatte, das schräg gegenüber ihrem eigenen lag, führte sie ihn durch die ganze Villa, und Kim kam aus dem Staunen nicht heraus. »Wahnsinn«, sagte er beeindruckt. »Ich meine, die Villa sieht ja schon von außen klasse aus, aber so einen Luxus hätte ich nicht vermutet. Du lebst ja echt wie eine Prinzessin, Prinzessin.« Er küßte sie wieder, und Tatjana konnte gar nicht genug von seinen Zärtlichkeiten bekommen.

»Macht deine Mutter den gesamten Haushalt allein?« erkundigte er sich.

»Ach, woher denn. Das schafft kein Mensch. Komm mit in die Küche, dann stelle ich dir die Klemme vor.« Sie klärte ihn auf, daß sie so ihre Haushälterin nannte.

In der Küche trafen sie außer Frau Klemmayer auch Tatjanas Mutter, die dort eine Tasse Kaffee trank.

»Sagen Sie mal, Kim . . .«

»Sie können mich gerne duzen, Frau Meißner«, unterbrach er sie sofort.

»Danke. Ja, Kim, ich wollte fragen, ob du dir denn so einfach eine Woche freinehmen konntest. Was machst du denn beruflich?«

»Ich besuche die 12. Klasse des Städtischen Gymnasiums«, gab er artig Auskunft.

Margarete musterte ihn irritiert. »Aber habt ihr denn zur Zeit Herbstferien?«

»Nö, aber im Moment läuft nichts Spannendes, und eine Woche hole ich schnell wieder nach.«

Margarete runzelte die Stirn und warf einen schnellen Blick auf Tatjana, die nur die Schultern zuckte. Wie war das mit ihrem Vater, dem ›Hallodri‹? ging es ihr durch den Kopf, aber das sagte sie natürlich nicht.

Endlich waren Kim und Tatjana dann allein in Kims Gästezimmer und konnten all das auskosten, was sie in den letzten drei Wochen vermißt hatten: sich überall streicheln, sich überall küssen, sich zärtliche Worte zuflüstern und dabei den warmen Atem des anderen spüren, den Duft seiner Haut riechen, und zum Glück störte sie nichts und niemand.

Marie war gleich nach der Foto-AG mit Anna zum Schlittschuhlaufen im Eisstadion verabredet. Sie wußte ja, daß an diesem Nachmittag Kim eintraf, und sie gönnte Tatjana die ungestörte Wiedersehensfeier. Obwohl sie auch befürchtete, daß sie in der nächsten Woche bei Tatjana abgeschrieben sein würde. Aber darüber würde sie schon hinwegkommen.

Bei der »Disco auf Eis« wurde zwar für den Geschmack der beiden Mädchen viel zu wenig Musik der Kelly Family gespielt, aber andererseits eigneten sich die Songs ihrer Stars auch vielmehr zum Träumen als zum Tanzen. Jedenfalls der größte Teil.

Während sie nebeneinander ihre Runden im Stadion drehten, ganz gemütlich, ohne Streß, rätselten sie noch einmal darüber, was für eine Überraschung Tatjana wohl für sie hatte, aber sie verwarfen alle Vermutungen wieder und kamen zu keinem Ergebnis. Es würde ihnen wirklich nichts anderes übrigbleiben, als die Party abzuwarten.

»Tatjana hat's gut.« Marie seufzte. »Die schwebt jetzt mit ihrem Kim auf Wolke sieben. Ich glaube, ich bekomme niemals mehr einen Freund. Es ist überhaupt keiner in Aussicht!«

»Ach, komm, mach dich nicht verrückt. Genieß doch dein Solo-Dasein. Jungs engen einen nur ein.«

»Vielleicht hätte ich doch nicht mit Niklas Schluß machen sollen?« sinnierte Marie unbeeindruckt. »Vielleicht war er meine letzte Chance . . .«

Anna lachte sie aus. »Du hast wirklich einen an der Waffel.«

In diesem Moment wurde das Gespräch der beiden abrupt unterbrochen, als zwischen ihnen hindurch erst etwas Schwarzes, dann etwas Dunkelgrünes, dann etwas Orangefarbenes flog.

»He«, rief Anna verdutzt, und Marie wedelte mit den Armen in der Luft, um die Balance wiederzufinden.

Zum Glück landete sie nicht auf dem Po, denn als sie den »Geschossen« hinterherblickte, erkannte sie, daß es drei Typen in verschiedenfarbigen Jacken waren, die sich während der Fahrt umdrehten und die beiden Freundinnen angrinsten.

»Könnt ihr nicht aufpassen?« rief Anna ihnen ernsthaft verärgert hinterher.

Doch Marie lächelte. »Ach, Anna, war doch nicht so tragisch. Komm, wir revanchieren uns.« Sie nahm Annas Hand und beschleunigte das Tempo, um die drei Jungen einzuholen.

»Ne, laß mal, mit solchen Blödmännern will ich nichts zu tun haben.«

»Hast du schlechte Laune oder was?«

Die drei Jungen hatten bereits wieder eine ganze Runde gedreht und hielten sich nun dicht hinter den Freundinnen.

»Kannst du die Tanzeinlage von gerade noch einmal wiederholen?« wandte sich der Typ in der orangefarbenen Weste an Marie.

Sie drehte kurz den Kopf. »Ich kenne eine wirkungsvolle Methode, es dir beizubringen.« Sie stoppte so abrupt, daß der Junge hinter ihr gegen sie prallte, und als sie schnell weiterfuhr, geriet er ins Wanken. »So einfach ist das!« rief Marie ihm zu, und die beiden anderen Jungen lachten.

Nur Anna verzog keine Miene. Sie bemühte sich um einen überheblichen Gesichtsausdruck, damit die Jungen gleich kapierten, daß sie kein Interesse an einem Flirt hatte. Die Boys merkten natürlich, daß man mit Marie mehr Spaß haben konnte, und sie genoß es, im Mittelpunkt zu stehen. Anna ließen sie in Ruhe.

In der nächsten Stunde alberte Marie mit den Typen

herum, und besonders der blonde mit der schwarzen Jeansjacke gefiel ihr gut. Als die Mädchen dann auf Annas Drängen dem Ausgang zusteuerten, rief er ihnen zu: »He, seid ihr morgen wieder da?«

Anna gab keine Antwort, doch Marie lächelte ihn über die Schulter an. »Wenn du Glück hast . . .« Sie zwinkerte ihm zu und folgte Anna dann, auf den Kufen balancierend, zur Garderobe.

»Mensch, warum bist du denn so schlecht gelaunt?« fragte Marie, während sie ihre Schuhe anzog. »Die Typen waren doch gut drauf.«

»Fandest du? Ich fand die nur blöd. Dieses Anrempeln ist doch echt hirnlos.«

»Sie wollten uns eben kennenlernen.«

»Ich sie aber nicht.«

Marie beschloß, am nächsten Tag notfalls allein noch mal herzukommen. Oder vielleicht überredete sie Mareike? Aber nein, besser nicht. Wenn die Jungen Mareike sahen, verloren sie bestimmt jedes Interesse an ihr. Mit ihren langen blonden Haaren und den großen blauen Augen galt Mareike unter Boys, zumindest, was das Aussehen betraf, als absolutes Traumgirl. Gegen sie hatte kaum eine andere eine Chance.

Fest stand nur, daß sie Anna nicht fragen würde, ob sie sie begleitete. So muffelig, wie sie zur Zeit war, konnte sie einem richtig den Spaß verderben.

Vor dem Stadion hatten die beiden Mädchen ihre Fahrräder abgestellt, und einen Teil des Weges fuhren sie noch gemeinsam. Dann verabschiedeten sie sich kühl voneinander. An diesem Nachmittag schienen auf einmal Welten zwischen ihnen zu liegen.

Nachdem Anna ihr Rad in den Keller des Hauses getragen hatte, trottete sie deprimiert die Treppen zur

Wohnung ihrer Mutter hinauf. Warum es ihr schlecht ging, wußte sie selbst nicht so genau. Den Nachmittag mit Marie hätte sie sich sparen können, ging es ihr durch den Kopf. Sie benahm sich aber manchmal auch zu albern! Wie sie auf diese Ekeltypen eingegangen war, mit ihnen geflirtet hatte . . . Fast peinlich.

Oder nicht? War sie selbst, Anna, vielleicht die Spielverderberin gewesen? Was war schon dabei, ein bißchen zu flirten und mit Jungen Spaß zu haben . . . Früher hatte sie das viel lockerer gesehen und alles auf sich zukommen lassen. Heute sah sie in jedem Jungen, der versuchte, sie anzumachen, eine Bedrohung. Merkwürdig. Wer hatte zu dieser Veränderung beigetragen? Sebastian, der sie mit Haut und Haaren vereinnahmen wollte, oder René, der ganz gemein ihr Vertrauen mißbraucht hatte. Der sich ein schönes Wochenende mit ihr gemacht hatte und sich dann mit einem kleinen Kuß von ihr verabschiedete, um zu seiner langjährigen Freundin Sarah zurückzukehren.

Anna seufzte, als sie die Wohnungsschlüssel aus ihrer Jeanstasche zog und die Tür aufschloß. Als sie sie öffnete, stand sie ihrer Mutter gegenüber, die offenbar gerade gehen wollte. Wieder top zurechtgemacht mit einem Seidenblazer, den Anna gar nicht kannte, und perfekt gestylten Haaren.

»Willst du schon wieder weg?« entfuhr es Anna, und unbeabsichtigt schwang in ihrer Stimme ein Vorwurf mit, den Daniela natürlich sofort heraushörte.

»Hast du etwas dagegen?« erkundigte sie sich mit feinem Spott.

»Ne, natürlich nicht. Wohin gehst du denn?«

»Ach, ich bin verabredet.« Sie nahm ihre Handtasche und kontrollierte routiniert, ob alles drin war, was sie brauchte. »Tschüs, Anna.« Sie küßte sie auf die Wange. »Es wird heute nicht so spät werden.« Und – schwupp! – war ihre Mutter aus der Wohnung. Als Anna ihr nachblickte, sah sie, daß sie die Treppen hinunterhüpfte wie ein Teenager.

Konnte es sein, daß ihre Mutter verliebt war? Ihr Verhalten ließ eigentlich keinen anderen Schluß zu. Andererseits, wo sollte sie einen Mann kennengelernt haben? Sie war doch bis vor kurzem kaum mal aus dem Haus gekommen, und Anna hatte auch immer angenommen, ihre Mutter lege keinen Wert auf eine neue Beziehung.

Bei dem Gedanken, daß ihre Mutter einen neuen Mann nach Hause brachte, drehte sich Anna der Magen um, während sie den Kühlschrank inspizierte. Sie nahm sich einen Joghurt im Glas, setzte sich an den Küchentisch und löffelte ohne großen Appetit.

Nachdenklich leckte sie den Löffel sauber. An den letzten Freund ihrer Mutter, Kai, dachte Anna nur mit dem allergrößten Unbehagen. Er hatte versucht, ihr an die Wäsche zu gehen, ganz ekelhaft und schmierig, und diese Erinnerung würde Anna am liebsten für alle Zeit aus ihrem Gedächtnis verbannen. Aber in bestimmten Situationen drang sie immer mal wieder an die Oberfläche. Zum Glück war damals ihre Mutter noch rechtzeitig eingeschritten und hatte das Schlimmste verhindert.

Anna schraubte das Glas wieder zu und stellte es zurück in den Kühlschrank. Dann holte sie sich eine Tüte Lakritzschnecken aus der Schublade, in der ihre Mutter die Süßigkeiten aufbewahrte, und verzog sich damit in ihr Zimmer.

Aus dem Zimmer ihrer Schwester drang das Kichern von Charlotte und Bianca, und Alexander saß, wie sie im

Vorbeigehen durch die offene Tür sah, mit gebeugtem Rücken über seinem Schreibtisch und schrieb etwas. Hausaufgaben? Never.

In ihrem Zimmer zog Anna alle Kelly-CDs, die sie besaß, aus dem Ständer und breitete sie vor sich auf dem Boden aus. Dann nahm sie sich einen Block und notierte die Titel, die sie programmieren würde. Alle Titel, die Paddy allein oder gemeinsam mit einem seiner Geschwister sang. Dann stöpselte sie den Kopfhörer ein, setzte ihn auf und legte sich auf ihr Bett. Sie riß die Plastiktüte auf, nahm sich eine Lakritzschnecke und begann, sie mit den Zähnen auszurollen, während ihr Paddy »Key To My Heart« ins Ohr sang.

Anna merkte, wie ihr die Tränen in die Augen schossen. Blödmänner wie die Eisläufer vom Nachmittag konnte sie an jeder Straßenecke finden. Aber einen Typen wie Paddy, der würde für sie immer unerreichbar bleiben. Ob er wohl inzwischen eine Freundin hatte? Nein, nein, nein! Er behauptete doch immer, noch solo zu sein, auf die Richtige zu warten. Ich bin die Richtige, dachte Anna, wenn er das nur mal merken würde, wenn ich es ihm glaubhaft vermitteln könnte. Eine Beziehung zu Paddy wäre nur schön, das wußte Anna ganz genau, unkompliziert, märchenhaft, voller ehrlicher, tiefer Gefühle. Und im wirklichen Leben machten die Jungen nichts als Trouble.

Wenn das kein Grund war, mies drauf zu sein.

8

Tatjana und Kim verschwendeten nicht viel Zeit damit, sich die ohnehin dürftigen Sehenswürdigkeiten der Stadt anzuschauen. Sie verbrachten viele Stunden in seinem oder ihrem Zimmer und genossen mit allen Sinnen ihre Zweisamkeit.

Marie mußte zusehen, wie sie ihre Freizeit gestaltete. Tatjana jedenfalls fiel für diese Woche aus, und im Grunde hatte Marie dafür auch Verständnis.

Am Freitagnachmittag saßen Kim und Tatjana in ihrem Zimmer, sie auf der Matratze, er im Schneidersitz davor. Tatjana kuschelte sich in die Kissen ein, während ihr Freund verspielt auf seiner Gitarre klimperte. Er hatte mehrere Lieder für und über die Kelly Family geschrieben, und mit einem davon war er auf dem legendären Kelly-Poetry-Treffen, bei dem Tatjana ihn zum ersten Mal gesehen hatte, sogar zweiter Sieger geworden.

Kim hatte eine angenehm melodische, tiefe Stimme, und die Akkorde auf der Gitarre setzte er sehr sicher. Tatjana liebte ihn doppelt so viel, wenn er so verträumt mit der Musik spielte, als säße er allein im Zimmer.

»Habe ich dir eigentlich schon gesagt, daß du heute alle aus meiner Clique kennenlernen wirst?« fragte sie leise.

Er unterbrach seine gezupfte Melodie nicht, sah sie aber trotzdem an. »Echt? Was läuft denn?«

»Hier steigt eine große Party, hier in meinem Zimmer. Eine Hausmusik-Party.« Sie kicherte, und er lachte mit.

»Wie soll ich mir das denn vorstellen?«

»Das weiß keiner so genau«, erwiderte sie immer noch feixend. »Ich habe nur alle gebeten, irgendein Instrument mitzubringen.«

»Beherrscht denn einer von Freunden eins?«

»Keine Ahnung. Das ist ja gerade das Spannende.«

Kim lächelte. »Ihr seid ja merkwürdige Typen«, sagte er, aber es klang so, als gefiele ihm diese Merkwürdigkeit. »Und was wirst du spielen?«

Tatjana sprang auf, öffnete ihren Schrank und kramte aus einem der oberen Regale eine Lederkiste hervor, aus der sie eine Querflöte zog, die sie geschickt zusammensetzte. Dann blies sie eine kurze Melodie, und Kim zog anerkennend die Mundwinkel herab. »Alle Achtung.«

»Laß dich nicht täuschen«, erwiderte sie lachend. »Das war das einzige Stück, das ich noch vom Unterricht kenne. Ich bin nur ein halbes Jahr zur Musikschule gegangen, danach wurde es mir zu stressig.«

»Schade eigentlich«, sagte er ernsthaft und zupfte die ersten Takte von »An Angel«. »Ein Instrument zu spielen, kann echt eine Bereicherung fürs Leben sein.«

Tatjana packte nachdenklich die Querflöte wieder ein. »Mag sein. Aber ich habe ja noch Zeit. Vielleicht nehme ich später den Unterricht wieder auf.«

»Um so früher du anfängst, desto mehr Chancen hast du, richtig gut zu werden. Wieviel Leute kommen denn heute abend?«

»Warte mal . . .« Tatjana rechnete nach. »Außer uns beiden noch acht«, sagte sie dann.

»Und kannst du mir nicht vorher was über deine Freunde erzählen? Ich meine, einen Teil von ihnen habe ich ja bei dem Poetry-Treffen schon kennengelernt oder zumindest gesehen . . .«

Tatjana machte es sich auf der Matratze wieder richtig

bequem und verschränkte die Arme hinter dem Kopf, während sie an die Zimmerdecke starrte. Kims Gitarrenspiel untermalte ihre Beschreibungen.

»Marie kennst du ja schon ziemlich gut. Meine Freundin eben, die seit ein paar Monaten bei uns wohnt und mir manchmal ziemlich auf die Nerven geht.« Sie grinste ihn kurz an. »Aber im Grunde ist sie okay.«

»Dann ist da Anna, die allerallerbeste Freundin, die man sich vorstellen kann. Das ist die mit den halblangen braunen Haaren und den dunkelbraunen Augen . . .«

Kim nickte. »Ich weiß. Ich kann mich noch gut an sie erinnern.«

»Ja, wir kennen uns schon seit der Grundschulzeit und vertrauen uns alles an. Wir können uns hundertprozentig aufeinander verlassen, auch wenn wir nicht immer einer Meinung sind.«

»Eben allerbeste Freundin«, warf Kim ein.

»Genau. Bis vor wenigen Wochen ist Anna noch mit Sebastian gegangen, der auch zur Clique gehört.«

»Der große Typ mit den kurzen blonden Haaren?«

»Richtig. Die beiden galten als Traumpaar in der Clique, aber dann machte Anna Schluß, aus Gründen, die ziemlich geheim sind, und Sebastian verliebte sich in Kristina aus der Parallelklasse.«

»Die kenne ich noch gar nicht, oder?«

»Ich glaube nicht. Aber weil sie auch Kelly-Fan ist, gehört sie seitdem auch zur Clique. Erstaunlich, aber das funktioniert gut, weil Anna und Sebastian Freunde geblieben sind.«

»Und wie fühlt sich Kristina dabei?«

»Keine Ahnung.« Ihr Tonfall brachte deutlich zum Ausdruck, daß es ihr auch piepegal war. Es war klar, auf welcher Seite sie stand, wenn es denn so etwas wie »Fronten« gab. »Kristina ist irgendwie... nicht der Rede wert.« Sie kicherte über ihre eigene Formulierung, korrigierte sich aber gleich. »Ne, ich meine, ich kenne sie kaum. Sie ist nicht übel, aber auch nicht toll. So ein langweiliges Mittelmaß in allem: im Aussehen und in ihren Äußerungen, verstehst du?«

Kim nickte, obwohl er die Einschätzung seiner Freundin skeptisch bewertete. Er würde sich natürlich selbst ein Bild von allen machen.

»Und dann gehören zu uns noch Adrian und Helen, ein absolut unzertrennliches Paar. Die beiden haben sich sozusagen gesucht und gefunden. Sie ist Irin, aber schon früh mit ihrer Mutter nach Deutschland gekommen. Mit Patricia Kelly hat sie ein bißchen Ähnlichkeit, und von der Art her... Nun, sie ist ein Mädchen, das nicht viel sagt, aber was sie sagt, hat Hand und Fuß. Und Adrian wird meistens nur »der Streber« genannt. Der hat so ein Einstein-Hirn, speichert alles wie ein Computer und spuckt es auf Knopfdruck aus. Aber er hat auch Humor und ist ein guter Kumpel. Ich kenne keinen, der Adrian nicht leiden mag.«

Kim blickte schräg auf den Hals seiner Gitarre, wobei ihm die langen Haare auf eine Seite fielen, und begann mit den Akkorden zu »First Time«. Dann sah er wieder abwartend zu Tatjana, die gleichzeitig lauschte und nachdachte.

»Dann werden noch Michael und Mareike kommen. Er sieht phantastisch aus, mit langen Haaren wie Paddy und einem richtig süßen Gesicht. Das Problem mit ihm ist nur, daß er weiß, wie er auf Girls wirkt, und das nach Kräften ausnutzt. Er kann ziemlich gemein werden, wenn er jemanden ärgern will, aber er kann auch einen Gag nach dem anderen reißen. Tja, wenn ich so darüber nachdenke, ist eigentlich das Tollste an ihm, daß er auch auf die Kelly Family steht. Und seine Freundin Mareike sieht aus wie das Bravo-Girl 97 oder so.« Sie blickte ihn lächelnd an, aber er war in sein Gitarrenspiel vertieft. Nur an seinem kurzen Nicken erkannte sie, daß er ihr genau zuhörte. »Also kurz gesagt: Ihren Platz als attraktivstes Girl in unserer Clique kann ihr keiner streitig machen. Und seit kurzem gehen die beiden miteinander, aber mit Anna und Marie habe ich mich schon häufiger darüber unterhalten, daß diese Beziehung nicht von Dauer sein kann. Die beiden kriegen sich ständig in die Haare, und sie streiten auch noch in aller Öffentlichkeit, als gelte es, einen Wettbewerb im Austauschen von Unverschämtheiten zu gewinnen.«

»Verstehe. Solche Paare kenne ich auch, wo beide versuchen, möglichst viele Leute auf ihre Seite zu ziehen. Ziemlich ätzend, nicht?«

»Genau. Hoffentlich reißen sich die beiden heute abend zusammen.« Tatjana schwieg und hörte ihm beim Spielen zu. Wenn es doch nur immer so sein könnte! Sie fühlte sich so glücklich und unbeschwert wie lange nicht mehr. Aus diesem Gefühl heraus beugte sie sich zur Seite, stützte eine Hand auf den Boden und küßte Kim auf die Wange.

Er wandte den Kopf und suchte ihre Lippen, und während sie sich küßten, legte er die Gitarre zur Seite und kuschelte sich zu ihr auf die Matratze. Die anderen würden erst in zwei Stunden kommen, und warum sollten sie die Zeit bis dahin nicht noch genießen?

Während sie ganz eng nebeneinander lagen und ihre Körper vom Kopf bis zu den Zehenspitzen sich berührten, sagte Tatjana auf einmal grinsend: »Der Höhepunkt heute abend wird sein, wenn ich meine Überraschung für alle verrate.«

»Und die wäre?« Kim rückte ein Stück von ihr ab, um sie besser anschauen zu können.

Doch Tatjana schloß lächelnd die Augen und machte »Ts«. Dann grinste sie auf einmal schelmisch, und ihre Augen glitzerten. »Nenn mir drei Gründe, warum ich es dir vor den anderen verraten soll.«

Kim blickte sie nachdenklich und verliebt an. »Weil du das Liebste für mich auf der Welt bist, weil ich übermorgen schon wieder nach Hause fahren muß und weil ich ein paar Sätze Spanisch gelernt habe, um ›Ares Qui« zu verstehen.«

Tatjana lachte. »Schon überredet!« Sie beugte sich halb über ihn und tuschelte ihm etwas ins Ohr.

»Das gibt's doch nicht!« entfuhr es Kim verblüfft.

»Wenn ich's doch sage! Zu manchem ist mein Vater eben doch zu gebrauchen!« Tatjana strahlte übers ganze Gesicht. Sie konnte es kaum noch abwarten, die große Neuigkeit endlich auch den anderen mitzuteilen.

Eine Stunde später trafen nach und nach die anderen ein, und inzwischen hatte sich Marie zu Kim und Tatjana gesellt.

Die beiden Mädchen hatten Chips und Cola aus dem Vorratskeller der Meißners in Tatjanas Zimmer geschleppt und unzählige Kerzen im ganzen Raum verteilt.

Als erste trafen Helen und Adrian ein. Helen trug eine »Trommel«, wie sie Patricia gerne auf der Bühne benutzte, bei sich: eine mit brauner Pappe beklebte Waschmitteltrommel, über deren Öffnung sie ein Fensterleder stramm gespannt und mit Sisalkordel befestigt hatte. Als Schläger diente ihr ein mit Stoffresten umwickelter Kochlöffel.

Alle begutachteten das Teil eingehend und bewundernd, und der Sound war gar nicht so schlecht, wie Kim nach ein paar Probeschlägen feststellte.

Adrian brachte natürlich seine Gitarre mit und stellte sie in eine Ecke. Sie war natürlich längst nicht so interessant wie das selbstgebastelte Meisterwerk.

Michael brachte das tragbare Keyboard seines Bruders mit, dem er sich bislang keine fünf Minuten gewidmet hatte. Aber er behauptete, auf diesen Dingern könne jeder spielen, wenn er nur die richtigen Knöpfe drückte. Marie beugte sich gleich darüber. Sie selbst hatte kein Instrument beizusteuern, aber ihr Interesse an Musik war groß, und dieses Keyboard reizte sie. Sie stellte die Lautstärke niedrig und probierte alle Funktionen durch, bis sie die Rhythmen und Tonklänge kannte.

Zu Tatjanas Überraschung brachte Mareike ebenfalls eine Querflöte mit, die sie aus der Lederkiste holte und zusammensteckte. »Seit wann spielst du denn Querflöte?« wollte sie wissen.

»Seit ein paar Monaten. Aber es funktioniert schon ganz gut. Hör mal.« Sie spielte die Melodie von »Every Baby«, natürlich mit einigen Mißklängen, aber das machte gar nichts. Die anderen, die auf einmal ruhig geworden waren und ihr zugehört hatten, klatschten und johlten begeistert. Mareike strahlte, völlig ungehemmt, und stellte sich theatralisch in Siegerpose auf. »Die Blumen bitte in meiner Garderobe abgeben«, sagte sie und hatte damit wieder alle Lacher auf ihrer Seite.

»Äh«, machte Michael langgezogen und verdrehte die Augen. »Jetzt bilde dir bloß nicht zu viel ein. So toll warst du auch nicht.« Sein Ton lag völlig daneben, viel zu ernst und gemein, das merkten alle außer ihm.

Mareike bekam auch tatsächlich vor Verlegenheit rote Wangen, aber sie überspielte es geschickt. »Mach es besser, wenn du kannst«, parierte sie schwach und wandte sich wieder Tatjana zu.

Anna traf kurz vor Sebastian und Kristina ein. Sebastian hatte von seinem Vater eine alte Mundharmonika mitgebracht, auf der er als Kind öfters geübt hatte, und gab gleich »Fuchs, du hast die Gans gestohlen« zum besten.

»Das üben wir aber noch mal«, rief Kim lachend. »Versuch mal »Come back to me«. Das müßte sich gut anhören auf der Mundharmonika.

»He, ihr beiden, habt ihr nichts mitgebracht?« rief Marie den beiden Mädchen zu.

Kristina verzog entschuldigend den Mund. »Ich spiele Klavier und das paßte leider nicht in meinen Rucksack.«

»Dann komm mal gleich zu mir«, bat Marie, die immer noch auf dem Boden vor dem Keyboard hockte. »Du spielst die Melodie, ich sorge für den Rhythmus.«

»Und was spielst du, Anna?« Tatjana grinste sie an.

Anna setzte eine geheimnisvolle Miene auf und mußte grinsen, als sie den Reißverschluß ihrer Jeanstasche aufzog. Sie holte Kastagnetten und ein Tamburin für Kinder hervor. »Ich habe gleich vorgesorgt, falls einer nichts mitbringt. Wer möchte?« Sie hielt die beiden Teile hoch, und Michael nahm sich gleich das Tamburin.

»Darauf bin ich Meister«, behauptete er, und Anna gab ein paar Proberhythmen auf den Kastagnetten.

Inzwischen war der Geräuschpegel bedenklich angestiegen. Kim und Adrian saßen sich im Schneidersitz gegenüber und stimmten die Gitarren aufeinander ab, Kristina und Marie bedienten gemeinsam das Keyboard, Tatjana und Mareike versuchten »Every Baby« zusammen. Anna, Sebastian und Michael lungerten auf der

Matratze herum, und Sebastian bemühte sich so ange-strengt um einen anspruchsvolleren Song – »Oh Danny Boy« –, daß Anna ihn auslachte.

»Gib mir mal«, bat sie und blies selbst hinein. Aber weil Sebastian sie so skeptisch musterte, bekam sie schon wieder einen Lachanfall und prustete in das Instru-ment.

»Bah«, rief Sebastian übertrieben, aber übers ganze Gesicht grinsend. »Wer soll darauf noch spielen?«

Anna lachte übermütig und klopfte es auf der Hand-fläche aus. »Du natürlich.«

Erneut versuchte sich Sebastian, während Michael mit geschlossenen Augen so tat, als wäre er von seinem eigenen Rhythmus auf dem Kinder-Tamburin völlig gefangen.

Anna warf einen Blick zu Marie, die mit roten Wangen über dem Keyboard hing und wie im Selbstgespräch vor sich hin murmelte: »So ein Ding brauche ich auch«, und dabei begegnete ihr Kristinas Blick. Die Augen von Sebastians Freundin schossen Blitze, und Annas erster Impuls war, den Kopf zwischen die Schultern zu ziehen. Doch dann lächelte sie nur so nett wie möglich. Offen-bar hatte Kristina sie beobachtet, doch was hatte sie, Anna, schon verbrochen?

Aber um Kristina nicht unnötig zu beunruhigen, rutschte sie von der Matratze und setzte sich neben Adri-an, gegenüber von Kim. Die beiden Jungen waren ganz vertieft und hatten die Köpfe schräg über den Rumpf ihrer Instrumente gelegt, um die Töne genau aufneh-men zu können, während sie die Saiten stimmten.

»Hört sich professionell an«, murmelte Anna und strich sich die Haare hinter die Ohren, während sie Kim anlächelte.

Er sah auf und erwiderte ihr Lächeln auf die ihm eigene unglaublich charmante Art. Sie blickten sich eine Weile in die Augen, als versuchte jeder, den anderen einzuschätzen. Kim, weil es seine Art war, Menschen über Blickkontakte kennenzulernen, und Anna, weil sie einfach nicht weggucken wollte. Irgendwie hatte Kim etwas Magisches an sich, und sie verstand ihre Freundin nur zu gut, daß sie völlig hin und weg von diesem Typen war.

»Hattest du Unterricht oder hast du dir das Spielen selbst beigebracht?« fragte sie dann.

»Das Zupfen und ein paar klassische Stücke habe ich an der Musikschule gelernt, aber die Akkorde habe ich selbst geübt«, erklärte er und hob die Schultern. »Man muß einfach täglich spielen, dann wird man auch täglich ein Stück besser, ob mit oder ohne Lehrer.«

»Sehe ich genauso«, stimmte Adrian zu. »Und es ist ein geiles Gefühl, ein Stück, das man selbst klasse findet, endlich zu beherrschen.« Er grinste Kim an, und der nickte.

»Und wie fühlst du dich hier?« wandte sich Anna wieder an Kim. »Hast du dich ein wenig eingelebt?«

»Eingelebt ist gut«, erwiderte er, während er ein Stück zu zupfen begann. Adrian ging sofort auf ihn ein und probierte die zweite Stimme. Doch während sich Adrian ganz konzentrierte, konnte Kim sich nebenbei noch mit Anna unterhalten. »Ich bin ja übermorgen schon wieder zu Hause.« Er machte mit dem Kopf eine den Raum umfassende Geste. »Und hier in diesem Schloß muß man sich einfach super fühlen. Fand ich übrigens eine klasse Idee, diese Fete hier zu veranstalten.« Wieder blickte er Anna intensiv in die Augen, und sie erschrak, als sie plötzlich bemerkte, daß ihr Herz tatsächlich schneller schlug. Hoppla! Das durfte nicht sein, da war etwas nicht in Ordnung . . . »So lerne ich Tatjanas Freunde wenigstens ein bißchen besser kennen.«

Als hätte Tatjana einen siebten Sinn, setzte sie sich plötzlich ganz dicht neben Kim und legte einen Arm um ihn. »Ich glaube, ich fange doch wieder mit Querflötenunterricht an«, sagte sie bemüht aufgedreht. »Mareike und ich sind gut im Duett, nicht, Mareike?« Sie blickte zu ihr, und Mareike zog die Augenbrauen hoch und nickte mehrmals übertrieben. Dann sah Tatjana nur ganz kurz zu Anna, und dabei kniff sie, wie warnend, die Augen leicht zusammen, und diesmal zog Anna wirklich den Kopf zwischen die Schultern. Dies war offenbar ihre Stunde der Fettnäpfe!

»He, laßt uns doch mal gemeinsam etwas versuchen!« rief Tatjana laut in die Runde, und alle sahen zu ihr. »Vorschläge bitte jetzt!«

Obwohl Michael und Sebastian heftig protestierten – auf die Mundharmonika verzichteten sie denn auch – einigten sich die Kelly-Fans zunächst auf »Die Vogelhochzeit«, die auf der zweiten Folge von »Die schönsten Songs der Kelly Family« zu finden ist. Michael und Sebastian hätten sich eher für einen rockigen Song wie »Why Why Why« oder »The Wolf« entschieden, aber Adrian und Kim schätzten das musikalische Talent und das Improvisationsgeschick aller realistischer ein, und den Mädchen war der Titel egal. Hauptsache, es kam irgend etwas rum.

Aus der Ecke der Flöten kamen die meisten Mißklänge – klar, Tatjana und Mareike hatten die gesamte Melodie zu tragen und kaum Übung –, aber die beiden Gitarren und Kristina und Marie am Keyboard, unterstützt von den Rhythmusinstrumenten, hörten sich richtig gut an.

Es stellte sich heraus, daß Kim und Helen den gesamten Text kannten und sich lächelnd und einvernehmlich mit den Strophen abwechselten, während das kindliche »Fideralala« von allen mehr oder weniger kräftigen Stimmen getragen wurde. Am Ende klatschten sie sich selbst Applaus und gerieten in einen richtigen Rausch hinein.

Nur Michael wirkte cool wie immer. Er hob eine Hand. »Ich beantrage, daß die Querflöten Zwangspause machen«, sagte er scherzend, aber weil es seine Freundin war, die er erneut angriff, und weil es irgendwie böse klang, lachten die anderen nur verhalten, und Mareike fühlte sich erneut in den Mittelpunkt der allgemeinen Aufmerksamkeit gedrängt. Sie runzelte die Stirn und packte tatsächlich die Querflöte ein. Klar war sie keine Meisterin, aber ein bißchen herumzuprobieren hatte ihr Spaß gemacht, und den hatte ihr ihr besserwisserischer Freund mit seinem albernen Tamburin verdorben.

»He, Mareike, jetzt nimm Michael doch nicht so ernst«, rief Sebastian. »Komm, pack das Ding wieder aus.«

»Ne, kein Bock mehr«, erwiderte Mareike störrisch, und auch als die anderen begannen, auf sie einzureden, blieb sie stur. Sie ließ sich in den lila Ledersessel, Tatjanas Horror-Möbelstück, ein Geschenk ihres Vaters, sinken, überkreuzte die Beine und verschränkte die Arme vor der Brust.

Für ein paar Minuten drohte die Stimmung zu kippen, und Marie rettete sie, indem sie vorschlug, es mit »Take my Hand« zu versuchen, und es funktionierte überraschend harmonisch. Bei »Greensleeves« legte auch Tatjana die Flöte beiseite, die Melodie war einfach zu schwer. Aber ihr Singstimme war schön, und auch

Mareike stimmte beim Refrain wieder ein. Sie hatte sich wieder abgeregt und beschlossen, sich den Abend nicht von Michael verderben zu lassen.

Anna hatte sich inzwischen verkehrt herum auf Tatjanas Schreibtischstuhl gesetzt, und wenig später lehnte sich Sebastian gegen den Tisch und begann wieder ein Gespräch mit ihr.

Diesmal war Anna vorsichtiger, ließ sich nicht zum Lachen animieren und schaute immer wieder zu Kristina, die kaum einen Blick von ihnen beiden ließ. Sebastian schien das gar nicht zu bemerken.

Als alle allein oder zu zweit vor sich hin klimperten, nutzte Anna die Chance, sich unauffällig neben Kristina auf den Boden zu setzen. Sebastians Freundin tat zunächst so, als sei sie ganz auf das Keyboard konzentriert, bis Anna sie ansprach. »Du, Kristina?«

»Hm?« Sie zog die Augenbrauen hoch, als wäre sie völlig überrascht, Anna neben sich zu sehen.

»Du hattest doch mal vorgeschlagen, daß wir uns treffen sollten.«

»Ja? Daran kann ich mich gar nicht mehr erinnern.« Es war wirklich schon ein paar Wochen her, aber daß sie es nicht mehr wußte, nahm Anna ihr nicht ab.

»Ich habe darüber nachgedacht«, sagte Anna, »und halte es für eine gute Idee. Vorausgesetzt, du möchtest immer noch ...«

»Tja, wenn du meinst.« Kristina tat ganz gleichgültig, und kurz dachte sie darüber nach, ob es Sebastian wohl viel Mühe bereitet hatte, Anna zu diesem Gespräch zu überreden.

Anna erhob sich. »Ich glaube, wir müssen uns mal so richtig ausquatschen. Auch der Stimmung in der Clique zuliebe«, fügte sie noch hinzu. »Ich würde mich jedenfalls freuen, wenn du mal anrufen würdest. Dann können wir ja einen Termin abmachen.«

»Okay.« Kristina ließ nicht die Spur Begeisterung erkennen, und Anna ärgerte sich ein wenig über ihre Reaktion. Andererseits hatte Kristina damals den ersten Schritt gemacht, und sie, Anna, war ihr auch nicht gerade um den Hals gefallen.

Auf einmal zog Tatjana die Aufmerksamkeit aller auf sich, als sie sich mitten in den Raum stellte und kräftig auf das Tamburin klopfte, das sie Michael abgenommen hatte.

»Einmal Ruhe bitte!« sagte sie, fast platzend vor Vorfreude. »Einige von euch wissen ja schon, daß ich eine Überraschung für euch habe.« Es wurde mucksmäuschenstill in dem Zimmer, alle starrten zu Tatjana hoch, die eine Kunstpause machte, um die Spannung zu erhöhen. »Ich habe zehn Freikarten für eine Fernsehshow, in der die Kelly Family auftritt!«

Der Jubel der anderen machte es Tatjana erst mal unmöglich, weiterzureden. Alle stürmten mit Fragen auf sie ein und riefen und lachten wild durcheinander.

Endlich konnte Tatjana erklären, daß es sich um einen absolut geheimen Termin handelte. Die verantwortlichen Leute vom Sender wollten nicht ausschließlich kreischende Kelly Fans im Publikum haben, deswegen würde vorher nichts an die Öffentlichkeit herausgegeben. Aber ihr Vater verfüge eben über einige Beziehungen. Sie hatte ihm auch das Versprechen geben müssen, daß sie während der Show nicht ausflippen würden, um die Aufzeichnung nicht zu gefährden. Denn das würde auf ihn zurückfallen.

Die Sendung wurde zwar erst im Dezember aufgezeichnet, aber schon jetzt fieberten die Boys und Girls der Clique dem Termin entgegen.

»Du mußt deinem Vater nur Bescheid geben, daß du für alle garantieren kannst, daß sie keine hysterischen Anfälle bekommen, nur für eine nicht...« Michaels Blick auf Mareike sprach Bände, aber diesmal lachte keiner.

»Mann, laß es doch mal«, sagte Adrian genervt in das Schweigen hinein.

»Genau, das ist echt ätzend«, stimmte Anna zu.

Mareike sagte gar nichts, stand nur abrupt auf, packte ihre Sachen zusammen und öffnete die Tür. »Viel Spaß noch. Mir reicht's für heute.« Die Tür knallte hinter ihr ins Schloß, und Tatjana sprang auf und lief ihr hinterher.

»He, warte, Mareike!« Sie folgte ihr, brachte sie bis zur Haustür, aber Mareike war vor Wut überhaupt nicht mehr ansprechbar.

»Mach dir nichts daraus. Den Typen kannst du sowieso vergessen«, sagte Tatjana noch, um sie zu trösten, aber Mareike lief kommentarlos nach draußen. Sie wollte an diesem Abend keinen aus der Clique mehr sehen.

In Tatjanas Zimmer herrschte auf einem Grabesstimmung, und als Tatjana es wieder betrat, ärgerte sie sich maßlos, daß Michael ihr einfach so die Party verdarb. Er saß auf der Matratze und spielte unbeteiligt mit dem Tamburin, während alle anderen betretene Gesichter machten und leise miteinander tuschelten.

Am liebsten hätte Tatjana Michael zur Rede gestellt, aber dann würde die Auseinandersetzung total eskalieren, und davon hatten sie ja alle nichts.

Adrian rettete die Situation.

Er begann auf einmal auf seiner Gitarre zu zupfen, und alle lauschten. Die Klänge waren jedem einzelnen von ihnen vertraut, und atemlos hörten sie zu, wie Adrian nach den ersten Takten zu singen begann: »If I would tell you . . .«

Kim legte sich seine eigene Gitarre über den Oberschenkel und nickte Adrian zu. Der »Streber«, den in diesem Augenblick alle bewunderten, sang bis »I am going crazy«, dann setzte Kim mit der zweiten Stimme ein: »I can't stop myself cannot control myself«, und beim Refrain schlug er die Akkorde zu der gezupften Melodie, und alle aus der Kelly Clique sangen mit, sogar Michael.

Alle spürten den Zauber, der über ihnen lag, und manch einem lief eine Gänsehaut über den Rücken. Klar waren sie nicht die Kelly Family, ihre Stimmen harmonierten nicht hundertprozentig, und Adrian griff auch schon mal in die falsche Saite. Aber dafür, daß sie noch niemals miteinander geprobt hatten, daß die ganze Aktion im Grunde als Gag geplant war, dafür waren sie wirklich gut. Darin waren sich alle einig.

Und so wurde die »Hausmusik-Party« doch noch ein voller Erfolg, und in den nächsten Wochen sprachen die Mädchen und Jungen noch häufig über jenen Abend. Sie würden sich zwar nicht in dieser Formation wiedertreffen, um gemeinsam Musik zu machen, aber Folgen hatte die Fete schon: Adrian hatte in Kim einen Freund gefunden, Marie fand, daß Kristina viel netter war, als sie ursprünglich vermutet hatte, Tatjana wollte ihren Musikunterricht wieder aufnehmen, Mareike hatte erkannt, wie wenig Verlaß auf Michael war, und Anna entschied für sich, daß sie sich bald nach einem neuen Freund umschauen mußte. Denn mit den Freunden anderer Girls zu flirten, war ganz schön gefährlich . . .

9

Alexander und seine beiden Freunde waren in den letzten Tagen umtriebig gewesen. Als erstes hatten sie der alten Frau Hager den toten Fisch in den Briefkasten geworfen, der einen üblen Duft verströmte.

Sie hatten sich auf die Kellerstufen gesetzt und gewartet, bis die Frau ihre Post holte, und sie hatten sich diebisch über ihr Erschrecken gefreut. Verärgert murmelte sie Schimpfworte vor sich hin, während sie das Tier in der grauen Tonne entsorgte, und die Jungen mußten an sich halten, um nicht laut loszulachen.

Aber das war erst der Anfang. Jeden Tag bekam Frau Hager irgendeine kleine bedrohliche Nachricht, aus ausgeschnittenen Buchstaben zusammengesetzt. »Hören Sie auf zu spionieren, sonst passiert ein Unglück!« oder »Verzieh dich, Hexe!«. Die Jungen warfen die zusammengefalteten Zettel in den Briefkasten oder legten sie auf die Fußmatte vor die Haustür.

Nach dem sechsten Brief meinte Christoph, daß sie nun langsam zum ultimativen Vergeltungsschlag ausholen sollten, damit »die Alte« merkte, daß mit ihnen nicht zu spaßen war.

Alexander und Ingo sahen das genauso, und sie verabredeten sich für Sonntagabend in Alexanders Zimmer, um Plan II zu besprechen.

Am späten Samstagnachmittag kehrte Alexander vom Basketballspielen heim. Er fuhr auf seinem Mountainbike über den Bürgersteig bis vor die Haustür, die nur angelehnt war. Mit dem Vorderrad öffnete er die Tür, ohne abzusteigen, und half mit einer Hand nach.

Dann manövrierte er das Rad bis vor die Treppe und stieg dort ab. Einen Augenblick blieb er lauschend stehen. Keine Schritte im Treppenflur, keine Gespräche an offenen Türen: die Luft war rein. Er konnte sein Rad beruhigt hier im Flur stehen lassen und sich den mühsamen Weg in den Keller sparen. Das war zwar laut Hausordnung verboten, aber wo es keinen Kläger gab...

Er legte noch schnell das schwere Eisenschloß um das Hinterrad und nahm dann immer zwei Stufen auf einmal in den dritten Stock.

Aber so weit kam er nicht. Im ersten Stock ging die Tür der mittleren Wohnung, einem Apartment, auf, und Frau Kierspel steckte den Kopf heraus.

Alexander grüßte sie wohlerzogen. Sie war eine von den Nachbarinnen, bei denen es ihn keine Überwindung kostete, die nötigsten Umgangsformen einzuhalten. Erstens sah sie dafür, daß sie schon über Dreißig war, ganz passabel aus mit ihrem hellblonden Pagenkopf. Zweitens hatte sie einen supercoolen Freund, der am Wochenende immer mit einem schwarzen Porsche vorfuhr, wie Alexander aus dem Fenster seines Zimmers gerne beobachtete.

Nicole Kierspel grüßte nicht zurück. »Bring deinen Schrotthaufen gefälligst in den Keller, sonst wende ich mich an den Vermieter, Freundchen!«

Schrotthaufen? Freundchen? Alexander blieb abrupt stehen und starrte die Frau sprachlos an.

»Hat dir eigentlich keiner Manieren beigebracht, oder was? Andere Leute müssen sich mühsam an deinem dreckverschmierten Schrotthaufen vorbeidrängen, nur weil du zu faul bist, die paar Schritte in den Keller zu gehen. Aber mit mir nicht mehr, Freundchen!«

Das war einmal »Schrotthaufen« zuviel, und dieses

herabsetzende »Freundchen« gefiel Alexander auch überhaupt nicht. »Immer schön auf den Teppich bleiben«, sagte er rotzfrech und machte eine beschwichtigende Geste mit beiden Händen. Aber er ging wieder zurück, um das Rad tatsächlich in den Keller zu bringen. Na ja, ein Versuch war es wert gewesen, und er hatte eben Pech gehabt.

Aber Nicole Kierspel sah die Angelegenheit keineswegs damit erledigt, daß Alexander ihrer unmißverständlichen Aufforderung nachkam. Sie mußte eine Menge Wut angesammelt haben, die nun endlich ein Ventil fand. »Komm mir nicht so!« schrie sie mit sich überschlagender Stimme. »Es ist sowieso eine Zumutung, mit Leuten wie euch unter einem Dach wohnen zu müssen! Bei den Verhältnissen, die bei euch herrschen, muß man sich ja schämen, Bekannte mitzubringen. Ich mache drei Kreuze, wenn ich nächsten Monat hier raus bin!«

Alexander war auf der untersten Stufe der Flurtreppe angekommen, als ihm plötzlich ein Licht aufging. Mit wutverzerrtem Gesicht drehte er sich um, die Hände zu Fäusten geballt. »Sie haben uns beim Jugendamt angeschwärzt!« zischte er und ging wieder nach oben, geradewegs auf Nicole Kierspels Wohnungstür zu.

Aber so leicht ließ sich die Frau nicht einschüchtern. Sie stieß ein Lachen hervor. »Und ich stehe dazu! Das kannst du mir glauben, Freundchen! Wird Zeit, daß man sich von behördlicher Seite mal um die Zustände bei euch kümmert, bevor ihr alle in der Gosse landet!«

»Sie gemeine Hexe!« preßte Alexander mühsam beherrscht hervor, und zu seinem Entsetzen fühlte er Tränen aufsteigen. Selten hatte er sich so hilflos gefühlt wie bei diesen bösen, ungerechten Anschuldigungen. Am liebsten hätte er die Frau niedergetreten und wild auf sie eingestampft aus lauter Machtlosigkeit, aber sie schlug ihm mit einem lauten Knall, der im Flur widerhallte, die Tür vor der Nase zu.

Alexander hämmerte einmal kräftig mit der Faust dagegen. »Das werden Sie noch bereuen!« rief er, und von drinnen kam ihre hysterische Stimme gedämpft: »Ich rufe die Polizei, wenn du nicht gleich verschwindest!«

Wie betäubt und unfähig, einen klaren Gedanken zu fassen, machte sich der Elfjährige daran, sein Bike in den Keller zu schleppen. Unbewußt nahm er noch wahr, daß eine Wohnungstür in Parterre leise geschlossen wurde. Offenbar war jemand Zeuge der Begegnung geworden.

Dann trottete er nach oben und stieß im ersten Stock gegen Frau Kierspels Wohnungstür noch einmal lahm mit dem Fuß dagegen.

Eine blöde Träne hatte sich aus seinem Auge gelöst und lief über seine Wange, und Alexander wischte sie unwirsch weg.

In seinem Zimmer setzte er sich an seinen Schreibtisch und verbarg das Gesicht in den Händen, während er sich bemühte, das zu verarbeiten, was ihm gerade widerfahren war.

So sehr er auch versuchte, Ordnung in seine Gedanken zu bringen, formierten sich in seiner Phantasie doch immer wieder nur Mordpläne, wie er die Kierspel die Treppe hinunterschubsen würde, wie er ihr aus dem Hinterhalt mit einem Dolch auflauern würde, wie er die Bremsen des Scheiß-Porsche manipulieren könnte . . .

Eines war nun klar: Die alte Hager war unschuldig, er

hatte sie grundlos verdächtigt und sie gemeinsam mit seinen Freunden unnötig in Angst und Schrecken versetzt. Verschwendete Energie! Und diese Erkenntnis trug nicht dazu bei, daß sich Alexander besser fühlte. Denn nun hatte er zwei Probleme am Hals: Er mußte der Kierspel noch angemessen Paroli bieten, und er mußte bei der alten Frau Hager den angerichteten Schaden wiedergutmachen.

»Hi. Wie geht's?« Anna stand im Türrahmen.

Alexander wandte sich um, müde wie ein steinalter Mann.

Anna mußte lachen. »Was ist dir denn über die Leber gelaufen?«

Er drehte ihr wieder den Rücken zu. »Alles im Griff.«

»Komm mit ins Wohnzimmer. Im Fernseher läuft eine alte Folge von ›Mr. Bean‹.«

»Kein Bock.«

Dann mußte es ernst sein, entschied Anna, als sie allein ins Wohnzimmer zurückkehrte. Zu zweit machte es doppelt Spaß, sich über die Gags des Komikers schlappzulachen, und normalerweise wäre ihr Alexander auch im Laufschritt gefolgt. ›Mr. Bean‹ gehörte zu seinen absoluten Lieblingskomikern.

Zum Glück kam in diesem Moment Charlotte nach Hause, und sie nahm sich gar nicht erst die Zeit, sich die Schuhe auszuziehen, als Anna sie auf die Sendung aufmerksam machte, sondern setzte sich gleich auf Mutters Fernsehsessel.

Wenig später hielten sich die beiden Schwestern die Bäuche vor Lachen, und Alexander zog sich das Telefon aus der Diele in sein Zimmer und schloß die Tür. Dann rief er seine beiden Kumpel an, teilte ihnen den neuesten Stand der Dinge mit und blies das geplante Treffen am Sonntagabend ab.

»Aber wieso denn?« fragte Ingo. »Ist doch egal, wer unser Opfer ist.«

»Ne, mir reicht's erst mal«, sagte Alexander kleinlaut. »Ich muß zusehen, wie ich die Hager besänftigt bekomme. Wenn die sich mit der Kierspel kurzschließt, ist die Kacke am Dampfen.«

»Du willst die Kierspel ungeschoren davonkommen lassen?« Ingo konnte es nicht fassen.

»Mann, die hat mir gleich mit der Polizei gedroht. Und wenn wir der eine Lektion erteilen, weiß die doch, daß ich dahinterstecke. Ich glaube, die zieht sowieso nächsten Monat aus. Dann kriegt sie noch ein Tritt in den Hintern und fertig.« Alexander hatte sein Selbstbewußtsein wiedererlangt. Was auch daran lag, daß er seinen Freunden die unerfreuliche Szene mit Frau Kierspel natürlich so dargestellt hatte, daß er nicht als Depp dastand. Und dies war ihm so überzeugend gelungen, daß er nun fast selbst daran glaubte, daß er die Kierspel mächtig eingeschüchtert hatte.

»Schade. Na ja, wenn du noch mal ein Problem hast, sag Bescheid. Ich bin dabei.«

»Logo.«

Alexander brachte das Telefon auf den kleinen Tisch in der Diele zurück, bevor er an seinem Schreibtisch mit für ihn völlig untypischen Bastelarbeiten begann.

Zunächst riß er aus seinem Vokabelheft mehrere Seiten sorgfältig heraus. Dann schrieb er auf ein Blatt mit rotem Filzschreiber: »Scheckheft von Alexander Limbach für Frau Hager«. Die Buchstaben gerieten ihm nicht besonders gleichmäßig, und zur Verschönerung umrahmte er sie schwarz und malte noch einen Strauß

Blumen darunter, auch in schwarz, weil er den Stift gerade in der Hand hielt.

Dann nahm er sich seinen Füllfederhalter und nagte an dem Ende herum, während er nachdachte. Endlich schrieb er auf ein Blatt: »Dreimal Treppe putzen«. Er starrte darauf und zerriß es wieder. Auf das nächste schrieb er »Einmal Treppe putzen«. Man mußte ja nicht gleich übertreiben. Eine halbe Stunde lang zermarterte sich der Junge den Kopf, und am Ende hatte er sich selbst zehn Pflichten wie »Einmal schwere Sachen einkaufen gehen«, »Einmal Fenster putzen«, »Einmal Katze füttern und ein bißchen mit ihr spielen« auferlegt.

Mit einem Tacker heftete er die Seiten und das Deckblatt zusammen, und als er es wie ein Daumenkino durchblätterte, fand er, daß er zufrieden mit seinem Werk sein konnte. Er steckte es in seine hintere Jeanstasche, schlich in den Flur und schlüpfte in seine Sportschuhe, ohne sie zuzubinden. Seine Schwestern kicherten immer noch im Wohnzimmer und beachteten ihn gar nicht.

Er verließ die Wohnung, ließ die Tür angelehnt und rutschte auf dem Treppengeländer bis ins Parterre. Vor Frau Hagers Wohnung legte er das »Scheckheft« auf die Fußmatte, klingelte und setzte zum Spurt nach oben an. Erst als er außer Atem wieder im dritten Stock war, verharrte er still und lauschte. Zufrieden grinste er, als er die Tür unten aufgehen hörte. Er war schneller oben als die Frau an der Tür. Reife Leistung!

Mit dem beruhigenden Gefühl, die Dinge ins rechte Lot gebracht zu haben, gesellte sich Alexander nun doch zu seinen Schwestern, die sich eine Chipstüte geöffnet hatten, aus der sie sich abwechselnd bedienten.

Shit! Von Mr. Bean lief nur noch der Abspann, und Alexander griff sich die Fernbedienung und zappte durch die Programme, nachdem er die Chipstüte in greifbare Nähe gezogen hatte.

Charlotte streckte sich. »Wo warst'n du?« wandte sie sich an Alexander. »Das war die witzigste Folge heute. Du hast echt was verpaßt.«

»Ich hatte Wichtigeres zu tun, als vor der Glotze zu hängen«, gab er mürrisch zurück.

»Demnächst könnt ihr mich im Fernsehen sehen«, erzählte Anna und zog die Beine auf die Couch.

»Echt?« Charlotte machte runde Augen, während sie sie anschaute.

»Tatjana hat zehn Freikarten für eine Show, in der die Kellys auftreten. Ist zwar erst im Dezember, aber ich freue mich jetzt schon tierisch darauf!«

»Und ich?« Charlottes Stimme klang heiser.

»Wieso du? Tatjana kann doch nicht für Hinz und Kunz Karten besorgen. Die zehn sind für unsere Clique plus Kim.«

Charlottes Mund verzog sich, ihre Augen schimmerten erst feucht, dann sprangen die Tränen förmlich über die Wangen. »Zehn Freikarten, und keine für mich!« brachte sie unter heftigen Schluchzern hervor. »Ihr seid so gemein!«

»Hör doch auf zu flennen, das nervt«, bemerkte Alexander, ohne den Blick vom Fernseher zu wenden. Er war bei einer Sportsendung hängengeblieben.

Anna verdrehte die Augen und seufzte. »Mensch, Charlotte, du kannst doch von Tatjana nicht verlangen, daß sie alle Kelly-Fans der Schule versorgt.«

»Ich bin nicht irgendein Kelly-Fan. Ich bin der größte Angelo-Fan, und ich bin deine Schwester!« widersprach sie und wischte mit den Handrücken ihre Augen trocken. Bittend sah sie Anna an. »Kannst du mir nicht deine geben?«

Anna mußte lachen. »Also, weißt du, Charly, bei aller Geschwisterliebe ... Das wird das Highlight dieses Jahres, und ich werde es bestimmt nicht verpassen. Du kannst die Sendung doch aufzeichnen, und wahrscheinlich siehst du vor dem Fernseher ohnehin mehr als wir im Studio.«

»Ach, hör doch auf ...« Charlotte war untröstlich.

»Ich verspreche dir, wenn einer von uns abspringt, werde ich Tatjana bitten, dir die Karte zu geben.«

»Da springt doch keiner ab«, erwiderte sie pessimistisch.

»Weiß man nie. Es kann ja einer krank werden oder keine Zeit haben oder so ...«

»Meinst du wirklich?« In Charlottes rot geränderte Augen trat ein Ausdruck von Hoffnung.

»Versprich dir nicht zuviel, aber denkbar wäre es ja.«

Charlotte holte tief Luft und starrte, ohne etwas zu sehen, auf den Fernseher. Als ihr bewußt wurde, daß es eine Sportsendung war, stand sie unvermittelt auf und holte sich blitzschnell die Fernbedienung, die Alexander auf seinem angewinkelten Knie deponiert hatte.

Sofort entstand ein Kampf zwischen Bruder und Schwester, und wieder einmal registrierte Alexander, daß er seiner Schwester inzwischen kräftemäßig überlegen war, obwohl er zwei Jahre jünger war. Er kannte einfach die wirkungsvolleren Tricks.

Als er die Fernbedienung zurückerobert hatte, mußte er feststellen, daß Anna den Fernseher ausgeschaltet hatte. »He, was soll das?«

»Dann herrscht wenigstens Ruhe«, behauptete Anna.

»Das bestimmst du doch nicht!« fuhr Alexander sie an. »Wo ist überhaupt Mama?«

»Zum Essen eingeladen«, sagte Anna und sah ihre

Geschwister abwechselnd an. An ihren Gesichtern erkannte sie, daß sie das Verhalten ihrer Mutter in den letzten Tagen genauso merkwürdig fanden.

Der Fernseher war vergessen, als Charlotte ihre Gedanken aussprach: »Warum treibt die sich denn in der letzten Zeit immer auswärts herum? Versteht ihr das?«

Alexander zuckte die Schultern. »Vielleicht hat sie so viel mit dieser Linda zu bequatschen.«

»Glaube ich nicht«, erwiderte Anna nachdenklich und biß sich auf den Knöchel ihres Zeigefingers.

Ihre Geschwister starrten sie an. »Meinst du, sie hat 'nen neuen Lover?« flüsterte Alexander.

»Könnte ich mir gut vorstellen«, sagte Anna. »So geheimnisvoll, wie sie in letzter Zeit tut ...«

»Oh, nein, nur das nicht!« Charlotte griff sich mit der Hand an der Stirn und ließ sich im Sessel zurückplumpsen. Dabei hatte sie von den drei Geschwistern die wenigsten Probleme mit Danielas letztem Freund Kai gehabt, der Alexander gegenüber den superstrengen Stiefvater gespielt und Anna belästigt hatte.

»Wie können wir das denn herausfinden?« überlegte Alexander. »Hat sie vielleicht gesagt, wo sie heute essen geht?«

Anna schüttelte den Kopf. »Keine Ahnung. Aber was hättest du denn tun wollen? Ihr nachspionieren? Damit wäre sie sicher nicht einverstanden.«

»Mir doch egal«, erwiderte Alexander. »Ich will wissen, was Sache ist. Schließlich geht es uns auch etwas an, wenn sich hier wieder eine Ratte einnisten will.« Die beiden Mädchen wußten, daß er auf Kai anspielte.

»Wahrscheinlich hat sie wirklich einen Mann kennengelernt und will erst mal abwarten, ob es sich zu einer längeren Beziehung entwickelt, bevor sie uns einweiht«, überlegte Anna vernünftig.

»Also ich würde lieber im Vorfeld was unternehmen, wenn uns der Typ nicht paßt«, sagte Alexander.

»Ich wüßte auch gern Bescheid«, stimmte Charlotte ihm zu. »Ich meine, wenn das wieder so ein Affe wie Kai ist, haben wir doch auch ein Wort mitzureden, oder? Wir sind schließlich drei gegen eine.«

Anna verzog den Mund. »Das sieht Mutter bestimmt anders. Aber ihr habt recht, wir sollten sie heute abend darauf ansprechen, daß wir uns... äh, Gedanken über sie machen, ganz diplomatisch alles.«

Das Telefon klingelte, und Charlotte lief an den Apparat. »Für dich!« rief sie Anna dann zu, als sie ins Wohnzimmer zurückkehrte. »Eine Kristine oder so.«

Kristine? Kristina! Genau! Anna sprang auf und meldete sich kurz darauf. Kristina klang immer noch ziemlich distanziert, aber zumindest hatte sie sich überwunden und tatsächlich angerufen.

Anna schlug für morgen, Sonntag nachmittag, ein Treffen bei ihr zu Hause vor. Damit war Kristina einverstanden, obwohl sie sich nicht verkneifen konnte, zu erwähnen, daß sie am Abend mit Sebastian verabredet war. »Aber wir werden sicher nicht Stunden brauchen, oder?«

»Sicher nicht«, bestätigte Anna ebenso kühl und legte auf. Inzwischen bekam sie fast den Eindruck, daß es ein Fehler war, Kristina ein Friedensangebot gemacht zu haben. Nun ja, wenn es ihr zu blöd wurde, würde sie sich nach ein paar Minuten verabschieden. Ihren guten Willen hätte sie dann zumindest gezeigt.

Als sie ins Wohnzimmer zurückkehrte, lief der Fernseher wieder. Eine Samstagabend-Show, auf die sich Charlotte und Alexander offenbar geeinigt hatten. »Wir haben beschlossen, wachzubleiben, bis Mutter nach Hause kommt«, empfing Alexander sie. »Und dann werden Nägel mit Köpfen gemacht.«

»Genau«, Charlotte nickte und stopfte sich eine Handvoll Erdnüsse, die nun ebenfalls in einer Dose auf dem Tisch standen, in den Mund.

Vier Stunden später weckte das Sturmklingeln an der Haustür Anna. Verschlafen richtete sie sich auf und versuchte, die Orientierung wiederzuerlangen. Im Fernsehen lief das Nachtprogramm, Alexander schnarchte mit leicht geöffnetem Mund im Sessel, Charlotte hatte sich wie ein Kätzchen auf dem Fernsehsessel eingerollt.

Wieder klingelte es, und Anna strich sich über die Augen, um mit klarem Blick die Uhrzeit auf der Videouhr zu erkennen. Halb eins. Ihre Mutter mußte den Schlüssel vergessen haben.

Sie ging an die Wohnungstür und drückte den Summer, und während sie wartete, strich sie sich mit allen zehn Fingern die vom Schlafen zerwühlten Haare glatt. Sie hörte Schritte im Hausflur, schwere Schritte, die offenbar nicht nur von einer Person stammten, und auf einmal klopfte Annas Herz zum Zerspringen.

Sie schloß die Wohnungstür wieder, die sie bereits leicht angelehnt hatte, wartete und blickte dann durch den »Spion«. Ihre Hand fuhr zu ihrem Hals, als sie die beiden Männer vor der Tür stehen sah. Sie trugen grüne Uniformen.

»Ja »bitte?« Annas Stimme hinter der Wohnungstür war nur ein Krächzen.

»Sind Sie Anna Limbach?«

»Ja?«

»Ihre Mutter liegt im Städtischen Krankenhaus.«

10

Mit zitternden Händen öffnete Anna die Tür. Ihre Augen wirkten riesengroß und noch dunkler in ihrem leichenblassen Gesicht. »Was ist passiert?«

»Bitte regen Sie sich nicht auf, Anna«, sagte der jüngere der beiden Beamten, als sie die Wohnung betreten hatten. »Ihre Mutter hatte einen Verkehrsunfall, aber sie ist sozusagen mit dem Schrecken davongekommen. Sie liegt nur zur Beobachtung noch im Krankenhaus, weil sie für ein paar Sekunden das Bewußtsein verloren hatte und anzunehmen ist, daß sie eine Gehirnerschütterung davongetragen hat. Sind Sie allein zu Hause?«

Anna fühlte sich kaum mehr in der Lage zu stehen, so weich waren ihre Knie. »Äh... nein, meine Geschwister... sie schlafen im Wohnzimmer... Wir wollten auf unsere Mutter warten.« Sie machte eine Geste ins Wohnzimmer und ging dann voran, um Alexander und Charlotte zu wecken. Die Polizisten folgten ihr und blieben im Türrahmen stehen.

Charlotte rieb sich die Augen, streckte sich und gähnte herzhaft, und Alexander zuckte zusammen, als hätte er einen Stromschlag bekommen, als er die Männer in Grün in der Tür bemerkte. Panisch ging sein Blick zwischen Anna und den beiden Beamten hin und her.

»Was issn?« Auch Charlotte erschrak, als sie die Männer bemerkte.

»Mama hatte einen Unfall. Aber ihr ist nichts passiert«, fügte Anna rasch hinzu, bevor sich ihre Geschwister aufregen konnten. »Sie liegt im Krankenhaus.«

»Warum liegt sie denn im Krankenhaus, wenn ihr

nichts passiert ist?« rief Alexander mit piepsiger Stimme.

»Sie wurde nur zur Beobachtung dabehalten«, erklärte der ältere Beamte. »Und sie hat uns gebeten, euch Bescheid zu geben.«

Forsch durchschritt Alexander das Wohnzimmer und quetschte sich an den Polizisten vorbei, um im Flur seine Turnschuhe anzuziehen. Dann warf er sich seine Dieseljacke über und sah die beiden Männer auffordernd an. »Von mir aus können wir«, sagte er, als handle es sich um zwei Taxifahrer.

Auch Anna und Charlotte zogen sich in stillem Einvernehmen an.

»He, Moment mal, es ist wirklich nicht nötig, daß ihr sie besucht«, sagte wieder der jüngere. »Schätzungsweise morgen am späten Vormittag wird sie wieder entlassen, wenn keine Komplikationen auftauchen.«

»Ich will jetzt zu meiner Mutter. Sie braucht uns«, sagte Alexander, und es klang unglaublich erwachsen.

»Könnten Sie uns nicht vielleicht ins Krankenhaus bringen?« bat Anna kleinlaut. »Wir können jetzt sowieso nicht mehr schlafen . . .«

Die Polizisten wechselten einen Blick, und der ältere deutete ein Nicken an.

Wenig später saßen die drei Geschwister im Fond des Polizeiwagens, die beiden Mädchen noch immer blaß und nervös, aber Alexander war ganz beruhigt. Wenn sie morgen wieder rauskam, konnte es so schlimm ja nicht sein. Er genoß sogar die Fahrt in dem grünen Wagen, aber als er die Bitte äußerte, die Beamten mögen doch das Martinshorn einstellen, wurde er ausgelacht, und Alexander hielt sich mit weiteren Vorschlägen zurück. Uncoole Typen.

Als der Polizeiwagen vor der Klinik hielt, bat Alexander die Beamten zu warten, sie seien in fünf Minuten zurück. Die Beamten grinsten sich an, und beim Aussteigen zog der junge Polizist Alexander am Ohr. »Soll ich das Taxameter ausstellen?« fragte er dabei.

Alexander bewegte unwillig seinen Kopf weg. Am Ohr zog man kleine Kinder, die frech wurden.

Daniela Limbach hatte schwarze Ränder unter den Augen und wirkte ganz schmal in dem Krankenbett, aber sie lächelte leicht, als ihre Kinder das Zimmer betraten. »Ihr hättet doch nicht kommen brauchen«, sagte sie leise, aber als sie ihre drei nacheinander umarmte, merkten man ihr die Freude doch an. »Ich weiß gar nicht, was ich hier noch soll. Außer ein wenig Kopfschmerzen und leichter Übelkeit geht es mir gut.«

»Mensch, Mama.« Charlotte hatte sich zu ihr ins Bett gelegt. »Wie ist denn das überhaupt passiert?«

Daniela schilderte ihren Kindern den Unfallhergang: Ein anderer Wagen hatte ihr an einer Kreuzung die Vorfahrt genommen, und sie war mit dem Kopf gegen die Fahrertür gestoßen. Der Fahrer des anderen Wagens war schwerer verletzt, ein paar Brüche, und innere Verletzungen vermuteten die Ärzte auch.

»Warum treibst du dich auch ständig in der Weltgeschichte herum?« warf Alexander ihr vor.

Daniela mußte lachen, verzerrte dabei allerdings für einen kurzen Moment das Gesicht. Ihr Lachen hallte in ihrem schmerzenden Kopf wieder. Sie streichelte ihrem Sohn, der sich auf die Bettkante gesetzt hatte, liebevoll über die Haare. »Wißt ihr, ich habe da einen sehr netten Mann kennengelernt...«

Alexander und Anna wechselten einen vielsagenden

Blick, und Charlotte richtete sich auf. Also hatten sie richtig vermutet.

»Was iss'n das für ein Typ?« erkundigte sich Alexander mürrisch.

»Ihr werdet ihn mögen, da bin ich ganz sicher.«

»Ist es dann etwas ... wirklich Ernstes?« fragte Anna und zog sich den Besucherstuhl heran.

Daniela dachte ein paar Sekunden über die Frage nach, wobei sie Anna in die Augen blickte. »Ich denke ja.« Sie nickte mehrmals, wie, um es sich selbst zu bestätigen. »Ja, ich glaube, wir bleiben zusammen.«

»Du meinst, der Typ zieht gleich bei uns ein?« rief Charlotte erschrocken.

»Darüber haben wir noch nicht gesprochen. Könnte ja auch sein, daß wir zu ihm ziehen. Er wohnt in einem großen alten Haus, das er von seinen Eltern geerbt hat.«

»Nie!« rief Alexander sofort, und auch Charlotte und Anna widersprachen heftig.

»Wir haben doch alle unsere Freunde in der Nachbarschaft, und die Schule will ich auch nicht wechseln. Wo wohnt der überhaupt?« fragte Charlotte überstürzt.

»Jetzt regt euch doch nicht auf. Wir werden natürlich, wenn es mal soweit ist, gemeinsam entscheiden, wie es weitergehen soll. Und im übrigen wohnt er gar nicht so weit weg, im Berliner Viertel.«

Alexander stieß einen Pfiff aus. Die Gegend kannte er, erstklassiges Wohngebiet, nur Einfamilienhäuser, viel Grün, ein Sportplatz in der Nähe ...

»Wann lernen wir ihn denn kennen?« fragte Anna. Ihr Magen fühlte sich eigenartig flau an, als hätte sie seit dem Morgen nichts gegessen.

»Er wollte uns am Montagabend besuchen. Und wenn

ich morgen wirklich wieder entlassen werde, steht dem ja nichts entgegen. Und dann könnt ihr euch ein eigenes Bild von ihm machen.« Dabei lächelte Daniela wieder, so als sei sie ganz sicher, daß ihren drei Kindern ihr neuer Freund gefallen würde. Sie küßte Charlotte, die immer noch in ihrem Arm lag, auf die Haare. »Jetzt macht aber, daß ihr wieder nach Hause kommt.« Sie kramte ihre Handtasche aus dem Nachttisch. »Ihr braucht sicher Geld für ein Taxi, oder?«

Alexander stand auf und blickte aus dem Fenster, von wo aus man den Haupteingang der Klinik überschauen konnte. Er grinste. Schien eine ruhige Nacht für die Polizei zu sein. Jedenfalls stand der grüne Wagen immer noch wartend im Halteverbot. »Nicht nötig«, sagte er. »Was ist eigentlich mit unserer Kiste? Ist die in der Werkstatt?«

Daniela seufzte. »Ich fürchte, da ist nicht mehr viel zu machen. Totalschaden. Der andere Wagen ist mir ja voll in die Beifahrerseite gefahren, und für die Reparaturkosten könnten wir uns auch einen neuen Wagen leisten.«

»Was fährt denn dein neuer Lover?« kam Alexander auf die praktische Seite der Situation zu sprechen.

Daniela grinste und zuckte die Schultern. »Die Marke weiß ich nicht, aber er ist ziemlich geräumig.«

Alexander verzog den Mund. ›Geräumigkeit‹ war für ihn kein Kriterium, wenn es darum ging, ein Auto einzuschätzen.

»Kannst dich ja am Montagabend mit ihm darüber unterhalten«, schlug Daniela vor. Dann verabschiedete sie sich von ihren Kindern und versprach, wieder zu Hause zu sein, noch bevor sie ausgeschlafen hatten.

Am Sonntagnachmittag war der Schrecken der Nacht bei der Familie Limbach vergessen. Alles ging seinen gewohnten Gang, Daniela lag auf der Couch im Wohnzimmer, in eine Decke gekuschelt und mit einem Taschenbuch in der Hand, Charlotte saß mit Bianca in ihrem Zimmer und überspielte sich die neue Kelly-CD auf Kassette, Alexander hockte vor seinem Computer, und Anna machte sich für ihr Treffen mit Kristina fertig. Nur, daß es an diesem Sonntag ungewöhnlich still in der Wohnung zuging. Der CD-Player war nur ganz leise eingestellt, Daniela schien ganz in ihren Roman versunken, und Geschwisterstreit gab es auch nicht.

Anna hatte das Gefühl, daß der neue Freund ihrer Mutter als Schatten über ihnen schwebte. Immer wieder kam er ihr in den Sinn, und dann fühlte sie eine eigenartige Unruhe. Ihre Mutter hatte ihr erzählt, daß sie ihn noch aus dem Krankenhaus angerufen hatte, um ihm zu erzählen, was passiert war, und sie hatte eine gute Portion Überredungskunst aufbringen müssen, um ihn davon abzuhalten, sie noch in der Nacht zu besuchen. Schien ja echt eine große Liebe zu sein, ging es Anna durch den Kopf., als sie sah, daß ihre Mutter sich das Telefon ins Wohnzimmer zog, um ihn erneut anzurufen.

Morgen würden sie ihn kennenlernen, und so, wie ihre Mutter ihre neue Beziehung dargestellt hatte, würde dieser Fremde künftig eine entscheidende Rolle in ihrer aller Leben spielen.

»Wo gehst du hin, Schatz?« rief Daniela aus dem Wohnzimmer, als Anna im Flur ihre Schuhe schnürte.

»Nur zu Kristina.«

»Entschuldige«, sagte Daniela in den Hörer und hielt die Sprechmuschel zu, während sie Anna ansah. »Hast du nicht mal erzählt, das sei Sebastians neue Freundin?«

»Ja, genau«, antwortete Anna einsilbig. »Tschüs.« Sie hatte keine Lust auf große Erklärungen.

Den Weg zu den Reihenhäusern legte Anna zu Fuß zurück. Er führte an einer Hauptstraße entlang, und Anna überlegte, wie schön es an diesem kalten klaren Herbsttag im Stadtwald sein mußte. Sie liebte es, wenn die Novembersonne die letzten Blätter an den Bäumen zum Leuchten brachte und wenn es bei jedem Schritt unter den Füßen raschelte.

Kristina wirkte ein wenig verlegen, aber sie überspielte ihre Unsicherheit, nachdem sie Anna die Tür geöffnet und sie in ihr Zimmer geführt hatte.

Anna schaute sich unauffällig um. Ein sehr aufgeräumtes Zimmer. Ob sie extra wegen ihr Ordnung geschaffen hatte, oder standen die Bücher in den Regalen immer so korrekt, war der Schreibtisch immer so leer? An den Wänden hingen zahlreiche Poster der Kelly Family neben den Bildern anderer Gruppen, wie Anna geringschätzig registrierte. Ein echter Kelly-Fan duldete keine Alternativen! Die Kelly Family war einmalig und unvergleichlich.

»Setz dich doch«, bat Kristina und wies auf einen der beiden Ikea-Sessel, vor denen ein schwarzer Beistelltisch stand. Auf dem Tisch lag ein Trockenblumenstrauß. »Soll ich Tee machen?«

»Klar, gerne.« Anna grinste sie an, zog die Schuhe aus und setzte sich im Schneidersitz auf den Stuhl.

Während Kristina in der Küche hantierte, fuhr Anna mit ihrer Musterung fort. Auf dem Bett lag eine lila Decke, darauf verschieden geformte grüne Kissen. Daran blieb Annas Blick hängen, und im Geiste sah sie Kristina und Sebastian eng umschlungen auf diesem Bett, Zärtlichkeiten austauschend, schmusend und verliebt, wie sie es selbst mit Sebastian erlebt hatte. Der Gedanke tat ihr nicht weh, aber unangenehm war er doch.

Kristina kehrte mit einem Tablett zurück und reichte Anna eine Tasse, die sie mit beiden Händen umfing, um die klammen Finger aufzuwärmen. Sie trank in kleinen Schlucken und blickte Kristina über den Rand der Tasse an.

Als Kristina keine Anstalten machte, das Gespräch zu beginnen, räusperte sich Anna und stellte die Tasse ab. »Ich habe den Eindruck, daß du mich nicht magst«, sagte sie einfach, und Kristina blickte sie erstaunt an.

»Wir kommst du denn darauf?« sagte sie ehrlich überrascht, denn unter anderen Umständen wäre ihr Anna sogar sympathisch gewesen. Ich meine, ich kenne dich doch kaum.«

»Na ja, wegen Sebastian.« Anna ließ sie nicht aus den Augen, während sie wieder nach ihrer Tasse griff.

Kristina rührte umständlich Zucker in ihren Tee, um Zeit zu gewinnen, und hob dann die Schultern. »Ich sag's mal so: Es ist manchmal nicht ganz leicht für mich, zu glauben, daß euch . . . äh, nichts verbindet.«

»Uns verbindet viel miteinander«, erwiderte Anna sofort, und als sie sah, daß Kristina geschockt war, fügte sie schnell hinzu: »Aber das ist doch logisch. Wir sind über vier Monate miteinander gegangen und kannten uns vorher schon lange durch die Clique.«

»Und du willst mir weismachen, daß man Gefühle einfach so ausknipsen kann? Heute befreundet, morgen verknallt, übermorgen alles scheißegal?«

»So einfach war es natürlich nicht.« Anna blieb ganz ruhig und versuchte auch für sich selbst, die Erklärung zu finden, wie es mit Sebastian verlaufen war. »Nachdem wir Schluß gemacht hatten, haben wir uns erst mal eine Weile angefeindet, logisch.« Daß es Sebastian gewesen war, der unbedingt an der Beziehung festhalten wollte, behielt Anna lieber für sich. Sie ahnte, daß es Kristina verletzen und vielleicht noch mehr gegen sie aufbringen würde. »Aber dann haben wir uns ein paarmal getroffen und besprochen, wie es weitergehen soll, weil wir auch die Clique nicht gefährden wollten.« Sie lächelte leicht. »Zu unserer eigenen Überraschung funktionierte es. Wir hörten auf, uns gegenseitig Vorwürfe zu machen, und merkten, daß wir uns immer noch mochten. Aber eben nur als gute Kumpel innerhalb derselben Clique. Und als sich Sebastian in dich verknallte, war das, was vorher zwischen uns war, endgültig abgehakt.«

Kristina hatte ihr, ohne sie zu unterbrechen, zugehört, nun schien sie sich zu entspannen. Auch sie zog die Beine an und legte die Arme um die Knie. Es hatte ihr gefallen, wie selbstverständlich Anna erwähnt hatte, daß sich Sebastian in sie, Kristina, verknallt hatte. Wenn sie selbst noch etwas von ihm wollte, hätte sie das sicher anders formuliert, ging es ihr durch den Kopf. »Was hast du eigentlich gedacht, als Sebastian dich fragte, ob du dich nicht mal mit mir aussprechen willst?«

»Sebastian?« Nun war Anna verwundert. »Der weiß doch nichts davon, daß ich heute hier bin. Wieso? Hattet ihr denn vorher darüber gesprochen?«

»Nicht konkret«, wich Kristina aus. Also war Anna von sich aus auf die Idee gekommen, Frieden mit ihr zu schließen. Sie fand sie wirklich immer netter ...

»Ich fände es gut, wenn wir Freundinnen werden könnten«, meinte Anna und reichte ihr über den Tisch

118

die Hand. Kristina schlug sofort ein und hielt ihre Hand für ein paar Sekunden in ihrer.

»Das fände ich auch schön.«

»Und du bist bestimmt nicht mehr sauer, wenn ich mich mal mit Sebastian unterhalte?«

Kristina kicherte. »Dafür kann ich nicht garantieren. Aber ich werde mir Mühe geben, wegzuschauen.«

Anna stimmte in ihr Kichern ein. »Gute Basis.« Sie warf einen Blick aus dem Fenster, von dem aus man auf die Straße schauen konnte. Die Sonne spiegelte sich gelb in den Fenstern der gegenüberliegenden Häuser. »Hast du nicht Lust, noch einen Spaziergang durch den Stadtwald zu machen? Das Wetter ist heute so schön...«

»Klar.« Kristina sprang sofort auf. Sie schien zu sich selbst zurückgefunden zu haben, erleichtert darüber, daß ihr Verhältnis zu Anna ihr künftig wohl keine Sorgen mehr machen würde.

Die beiden Mädchen hatten die Hände tief in die Taschen ihrer Jacken vergraben, und Anna hatten ihren Riesenschal bis zur Nase hoch gewickelt. Während sie durch die Parkanlage schlenderten, zog sie ein Bein spielerisch hinter sich her und schaufelte so einen bunten Blätterberg zusammen.

»Weißt du, Sebastian ist der süßeste Typ, mit dem ich je zusammen war«, sagte Kristina verträumt.

»Fand ich damals auch.« An ihren Augen sah Kristina, daß Anna grinste. Ihr Mund war von dem Wollschal verdeckt.

Kristina wußte nicht genau, was sie von dieser Bemerkung zu halten hatte. »Warum habt ihr euch überhaupt getrennt?«

Anna hob die Schultern. »Wir passen einfach nicht

zusammen. Ich hatte immer das Gefühl, mir würde die Luft knapp, wenn ich in seiner Nähe war, verstehst du?«

Kristina schluckte, weil ihr Anna damit auch zwischen den Zeilen sagte, daß Sebastian wohl sehr verliebt in sie gewesen war. Sie wußte, was Anna meinte, aber die Eigenschaften Sebastians, die Anna nicht mochte, waren genau die, die Kristina am besten gefielen: diese Treue, diese Anhänglichkeit, dieses Gefühl, sich total auf ihn verlassen zu können. Kristina suchte in einer Beziehung nicht ihre Freiheit, sondern einen sicheren Halt.

Sie wählten den Weg, der aus dem Stadtwald hinaus zu einer Nebenstraße führte, in der sich das Bistro befand, in dem sich vor allem die Mädchen der Kelly-Clique gerne miteinander trafen. Auch Kristina war schon häufiger mit Sebastian dort gewesen.

Als sie an dem Café vorbeikamen, preßte Anna die Nase gegen das bodentiefe Fenster und hielt sich die Hände lichtschützend an die Schläfen, um einen Blick ins Innere zu werfen. »He, dort sitzen Marie und Mareike«, rief sie. »Sollen wir auch hineingehen?«

»Von mir aus.« Kristina rieb sich die Hände. »Einen Cappuccino könnte ich schon vertragen.«

»Komm, ich lade dich ein«, sagte Anna spontan, hakte sich bei ihr unter, und gemeinsam betraten die beiden Mädchen das Bistro.

Marie und Mareike entdeckten sie sofort, weil sie unbewußt, und ohne zu wissen warum, die Eingangstür immer im Auge behielten. Man konnte ja nie wissen, ob nicht irgendwelche Freunde oder süße Typen auftauchten.

Marie winkte ausgelassen, während Mareike sie nur

lächelnd begrüßte. Überhaupt hatte sich der »Star« der Kelly-Family-Clique in den letzten Wochen sehr verändert. Man erlebte sie kaum einmal aufgekratzt, dafür um so häufiger nachdenklich.

Marie und Mareike ließen sich nicht anmerken, daß es zumindest außergewöhnlich war, daß sich Kristina und Anna wie zwei Freundinnen verhielten. »Öder Sonntag, was?« bemerkte Mareike.

»Wieso?« Anna bestellte zwei Cappuccino bei der jungen Kellnerin. »Das Wetter ist doch herrlich. Wir haben gerade einen langen Spaziergang durch den Stadtwald gemacht. Sauerstoff tanken, das macht den Kopf richtig schön frei.«

»Ach, was interessiert mich das Wetter?« erwiderte Mareike und nahm einen Schluck von ihrer Cola light. Versonnen starrte sie aus dem Fenster auf die Straße, wo es absolut nichts zu sehen gab.

»Du bist wohl nicht so gut drauf, was?« erkundigte sich Kristina leise.

Mareike schluckte, ihre Augen schimmerten auf einmal feucht, und die anderen Mädchen beschäftigten sich eingehend mit ihren Getränken, rührten, tranken, ordneten Löffel auf Untertassen, bis sich Mareike wieder gefangen hatte. »Ich weiß echt nicht, wie es mit Michael und mir weitergehen soll«, sagte sie plötzlich, und die anderen warteten darauf, daß sie weitersprach. »Ihr habt es ja selbst alle schon miterlebt. Der behandelt mich, wenn andere dabei sind, wie den letzten Dreck. Manchmal raffe ich es einfach nicht, wie ein Typ zwei so verschiedene Gesichter haben kann.«

»Wie meinst'n du das?« hakte Anna nach.

»Na ja, wenn wir allein sind, ist er friedlich und zärtlich und liebevoll, und vor Publikum meint er, den

Macho heraushängen zu lassen. Ich komme echt nicht mehr damit klar. Und auf der Party bei Tatjana, das war der Hammer, oder habt ihr das nicht so schlimm empfunden?«

»Doch, total.« – »Völlig idiotisch.« Alle drei konnten ihr nur zustimmen.

»Und wie reagiert er, wenn du ihn darauf ansprichst?« fragte Marie.

Mareike zuckte die Schultern. »Er küßt mich ganz lieb und nennt mich ›Dummerle‹ oder so.« Sie mußte selbst kurz kichern, wie die anderen auch, wurde aber sofort wieder ernst. »Klingt blöde, ich weiß, aber er geht einfach davon aus, ich müßte wissen, daß er mich liebt, und seine Bemerkungen sollte ich mit Humor nehmen.«

»Na ja, komisch fand ich bisher die wenigsten, die ich mitbekommen habe«, bemerkte Kristina, und Marie und Anna nickten.

Mareike rieb sich vorsichtig mit dem Zeigefinger unter ihrem Auge entlang, wobei sie darauf achtete, ihre Wimperntusche nicht zu verschmieren. »Was soll ich denn bloß machen?«

»Liebst du ihn denn noch?« fragte Anna.

Mareike ließ sich lange Zeit mit der Antwort. »Weiß ich selbst nicht so genau«, sagte sie dann und hielt sich an ihrem Glas fest. Auf einmal blickte sie mit völlig veränderter Miene strahlend auf. »He, ist das nicht großartig, daß wir zu dieser Fernsehshow dürfen?«

Marie warf übermütig die Arme in die Luft. »Juchhu«, rief sie mühsam gebremst. »Ich kann es gar nicht mehr abwarten!«

Auch Kristina und Anna lachten begeistert. »Das wird der größte Act des Jahres!« meinte Anna. »Ach, was ziehe ich bloß an?«

Die anderen lachten mit ihr, obwohl die Frage, was man bei einem solchen Ereignis trug, natürlich wirklich schwerwiegend war.

»Wir könnten uns alle gleich anziehen. Mit schwarzen T-Shirts oder so«, schlug Kristina vor.

Anna spitzte die Lippen, und die anderen beiden wiegten die Köpfe. »Gleich anziehen ist okay, aber schwarze T-Shirts? Das paßt nicht so gut, oder?«

»Ne, natürlich nicht«, meinte Marie. »Wir stylen uns alle kelly-like, ist doch logisch!«

»Genau!« Anna sprang fast vom Stuhl vor Enthusiasmus. »Das ist es!«

»Und wo kriegen wir die Klamotten her?« gab Kristina zu bedenken.

»Also, ich habe 'ne Menge schöner Röcke im Kelly-Stil, und dazu einen taillierten Blazer, Folklore-Blusen, irische Pullover – no problem! Ich leihe dir gerne was – aber den Blazer nehme ich!« beugte sie gleich lächelnd vor.

Auch Mareike und Marie waren gut versorgt. »Fragt sich nur, ob die Jungen mitspielen«, überlegte Mareike.

»Ts«, machte Anna. »Wenn nicht, auch egal. Wir Girls werden Eindruck genug machen.«

»Wißt ihr, worüber ich oft nachdenke?« begann Marie auf einmal. »Sind die Kellys nun wirklich nach Irland gezogen oder nicht? Ihr wißt doch, wie schlecht wir uns alle gefühlt haben, als diese Meldung im Radio kam, sie hätten ihr Hausboot verlassen. Aber hat einer von euch danach noch mal irgendwo was gelesen oder gehört?«

»Du hast recht«, stimmte Anna zu. »Mir kam der Gedanke auch schon, daß sie noch in Deutschland sind.«

»Einmal hieß es doch, sie wohnten in einem Kölner Hotel«, sagte Kristina.

»Ja, aber warum sollten sie da dauerhaft bleiben, wenn sie dieses Anwesen in Irland gekauft haben?« überlegte Anna.

»Und dieses Haus gibt es wirklich. Das hat Patricia doch mal in irgendeiner Sendung bestätigt, nicht?« meinte Mareike.

»Was mich wundert, ist, daß die Jugendzeitschriften, die ständig über die Kellys berichten, nicht einen großen Artikel daraus gemacht haben, wenn die Kellys Deutschland wirklich verlassen haben«, sagte Kristina.

»Möglicherweise haben die Kellys die Redakteure gebeten, es nicht zu tun, um die Fans in Deutschland nicht zu enttäuschen«, sagte Anna.

»Das kann ich mir auch gut vorstellen«, meinte Marie.

Anna nickte nachdenklich. »Bestimmt glauben die Kellys, sie würden ihre Fans verlieren, wenn sie nicht mehr in Deutschland wohnen.«

»Als wäre das ein Kriterium«, bemerkte Mareike. »Ich meine, andere Bands wohnen auch nicht in Deutschland, geben hier aber ihre Konzerte und haben zum Teil genauso viele Fans wie die Kellys.«

»Geschockt hätte es mich, wenn sich die Kellys getrennt hätten. Wenn sie nur noch gemeinsam auf der Bühne gestanden und ansonsten getrennte Leben geführt hätten«, überlegte Anna. »Aber wenn sie tatsächlich in diesem Gutshaus in Irland zusammen wohnen, bleiben sie doch ihrem Stil treu. Nur ein paar Klassen besser, was sie sich total verdient haben. So ein Hausboot ist zwar cool, aber auf Dauer nervt es bestimmt doch, in kleinen Kajüten zu wohnen und so ...«

Die anderen teilten ihre Meinung. »Ob sie in Köln, Irland oder auf dem Mond wohnen, ich bleibe den Kellys treu«, fügte Marie noch voller Inbrunst hinzu.

»Meinst du etwa, wir nicht?« – »Was denkst du denn!« – »Keine Frage!« riefen die anderen aufgedreht und lachend durcheinander.

Mareike winkte die Kellnerin zum Bezahlen. Es war inzwischen dunkel geworden, die Zeit war für die vier Mädchen wie im Flug vergangen. »Ich muß noch die Hausaufgaben für morgen machen«, erklärte Mareike und stöhnte bei dem Gedanken genervt auf.

»Ha -ha!« machte Marie triumphierend. »Ich habe Besseres vor!«

»Und das wäre?« Anna stützte den Kopf in die Hände und beugte sich grinsend vor.

»Kannst du dich noch an die Typen erinnern, die uns im Eisstadion angerempelt haben?«

Anna zog eine Grimasse. »Allerdings.«

»Der Typ mit der schwarzen Jeansjacke?«

Anna nickte, ohne Maries Begeisterung auch nur ansatzweise zu teilen.

»Wir gehen heute abend zusammen ins Kino.«

»Na toll.«

»Pf«, machte Marie, »dir braucht er ja nicht zu gefallen. Ich finde Benni total süß. Außerdem ist so ein Date allemal besser, als sich von Tatjana vollabern zu lassen.« Marie blickte auf ihre Armbanduhr. »Jetzt müßte sie gerade dem abfahrenden Zug hinterherwinken. Wahrscheinlich mit einem weißen Spitzentaschentuch und tränenüberströmt.«

Anna spürte sofort ein schlechtes Gewissen, als Marie Tatjana erwähnte. Wie hatte sie das vergessen können! Heute reiste Kim ab, und sie konnte sich gut vorstellen, wie fertig ihre beste Freundin sein würde. Anna nahm sich fest vor, sie heute abend noch anzurufen. Abgesehen davon, daß sie sie wahrscheinlich erst mal trösten mußte, gab es ja auch eine Menge Neuigkeiten zu berichten. Ein ausgiebiges Freundinnengespräch war schon seit einiger Zeit überfällig!

Das Gespräch verlief zunächst so, wie Anna vermutet hatte: Die ersten zehn Minuten erzählte Tatjana nur, wie sehr sie Kim jetzt schon vermißte, und zwischendurch schluchzte sie immer wieder.

Anna unterbrach sie kaum, wiederholte nur mehrmals, daß sie sich gut in sie hineinversetzen konnte, und erkundigte sich, wann sie sich denn wiedersehen würden.

»In drei Wochen fahre ich runter, wenn mir meine Eltern das Geld für die Bahnreise geben.« Tatjana schniefte und putzte sich die Nase.

»Wie fanden ihn deine Eltern denn?«

»Meine Mutter war sofort begeistert«, erzählte Tatjana glücklich. »Und mein Vater war ja die ganze Woche über weg und hat ihn erst gestern kennengelernt.« Sie kicherte. »Er hat ihm natürlich gleich einen Vortrag über Pflichtgefühl und so gehalten, weil Kim ja einfach blaugemacht hatte, um die Woche bei mir zu verbringen. Du kennst ja meinen Vater. Der kann ziemlich peinlich werden, wenn er den Oberlehrer heraushängen läßt, aber seit meine Mutter mir erzählt hat, was er selbst früher für ein Typ war, sehe ich das viel gelassener. Und Kim hat sowieso jede Situation im Griff. Der hat weder geschleimt noch ist er frech geworden oder so.«

»Du hast echt Glück mit Kim«, sagte Anna aus tiefstem Herzen. »Ich kann gut verstehen, daß du so in ihn verliebt bist.«

»Ja?«

Anna hörte, daß Tatjana auf einmal sehr wachsam wurde, irgendwie lauernd. »Ja«, bestätigte sie einfach. »Er ist irgendwie ... ein ganz besonderer Typ.«

»Finde ich auch.« Von Trauer keine Spur mehr.

»Is was?« erkundigte sich Anna aggressiv.

»Was soll denn sein? Ich habe nur auch gemerkt, daß er dir gut gefallen hat. War ja auch nicht zu übersehen.«

»Jetzt hör aber auf«, fuhr Anna sie an. »Willst du mir vorwerfen, ich hätte versucht, deinen Freund anzumachen, oder was?«

»Das habe ich nicht gesagt.« Zu Tatjanas Ärger hatte Kim nach ihrer Party, auf der er sich so lange mit Anna unterhalten hatte, auch noch ganz unschuldig erklärt, wie toll er ihre beste Freundin fände, aber das würde Tatjana ihr natürlich nicht auf die Nase binden.

»Klingt aber so. Du, das wäre echt Scheiße, wenn du mir so etwas unterstellst. Ich dachte, du wärst meine Freundin.« Es kränkte Anna sehr, daß Tatjana offenbar das Vertrauen zu ihr in Frage stellte. Wenn man seiner besten Freundin nicht trauen konnte, wem dann?

»Bin ich ja auch«, sagte Tatjana versöhnlicher, zumal sie keineswegs die Beziehung zu Anna gefährden wollte. »Und ist ja auch egal. In den nächsten Monaten wird Kim sowieso nicht mehr kommen können ...«

Nun wurde Anna richtig wütend. »Ich fasse es nicht! Meinst du wirklich, ich würde versuchen, ihn dir auszuspannen? Du spinnst ja total!« Dann knallte sie den Hörer auf die Gabel, tief enttäuscht und zornig.

Das hätte sie Tatjana echt nicht zugetraut, und in ihrem Ärger überlegte Anna ernsthaft, ob sie weiter mit Tatjana befreundet sein wollte. Wer ihr so eine Gemeinheit zutraute, mit dem wollte sie lieber nichts mehr zu tun haben. Shit, hätte sie Tatjana bloß nicht angerufen. Zumal sie gar nicht dazu gekommen war, ihr all die interessanten Neuigkeiten – die Aussprache mit Kristina, die Unfallnacht, der neue Lover ihrer Mutter, die Idee, sich wie die Kellys zur Show zu kleiden – mitzuteilen. Und in der Schule würde Anna ihr in den nächsten Tagen auch die kalte Schulter zeigen. Als wäre sie auf Tatjana angewiesen!

11

Tatjana aus dem Weg zu gehen, erwies sich als nicht realisierbar. Schließlich saßen sie in der Klasse nebeneinander, und in den Pausen hingen sie mit den anderen Leuten aus der Clique zusammen.

Aber zumindest schaffte Anna es, auf alle Bemerkungen ihrer Freundin mit kühler Reserviertheit zu reagieren. Zwar war ihr Zorn schon am Morgen verflogen, aber sie wollte Tatjana doch zeigen, daß sie ihre ungerechten Vorwürfe nicht einfach so schluckte.

Am Nachmittag jedoch geriet für Anna ihre Auseinandersetzung mit Tatjana in den Hintergrund, denn ihre Mutter verbreitete in der Wohnung eine solche Hektik, daß Anna es nicht mehr zu Hause aushielt. Am Abend wollte sie ihren Kindern ihren neuen Freund vorstellen, und Daniela Limbach benahm sich, als stünde sie vor einer zukunftsentscheidenden Prüfung.

Zum x-ten Mal sprach sie auf Alexander ein, der die Arme vor der Brust verschränkt und die Beine auf den Küchentisch gelegt hatte. »Und ich kann mich darauf verlassen, daß du mit deiner Meinung hinterm Berg hältst, falls er dir nicht gefallen sollte?«

Alexander schien es fast zu genießen, daß seine Mutter sich anscheinend vor seinen Reaktionen fürchtete. Er grinste breit und tat so, als müsse er erst darüber nachdenken, ob er seiner Mutter diesen Gefallen tun wollte oder nicht. »Scheint ja ein echter Kotzbrocken zu sein, wenn du solchen Schiß hast.«

Wütend gab Daniela seinen Füßen einen Schubs, so daß sie mit einem dumpfen Geräusch auf dem Boden landeten. »Ich will mich nur nicht für euch schämen, daß das nicht in deinen Kopf hineingeht!«

»Haben wir dir schon jemals Schande gemacht?« erwiderte Alexander unbeeindruckt und an seinem Grinsen festhaltend.

»Und du sei bloß nicht so muffelig«, wandte sich Daniela nun an Anna, die an die Spüle gelehnt stand und ein Glas Orangensaft trank.

Anna verdrehte die Augen und stellte ihr Glas hart auf die Küchenzeile. »Wenn hier einer ungenießbar ist, dann du«, erwiderte sie patzig. »Du tust ja gerade so, als käme der Bundeskanzler persönlich zu Besuch.« Sie verzog sich in ihr Zimmer und schlug die Tür mit einem Knall zu.

Auch Alexander reichte es. Er wollte ein paar Runden mit seinem Mountainbike drehen und sehen, wo was los war.

»Sei pünktlich wieder hier! Um halb sieben spätestens, hast du verstanden?« rief seine Mutter ihm noch hinterher.

Alexander antwortete nicht, um seine Mutter noch ein wenig zu ärgern, und zog die Wohnungstür hinter sich zu.

Sekunden später, als er schon an der Treppe war, ging sie wieder auf. »Du bist um halb sieben hier, sonst gibt's die ganze nächste Woche Stubenarrest, verstanden?« Daniela Limbachs Stimme hallte durch den Hausflur, obwohl sie in normaler Lautstärke sprach.

»Logo.« Unter diesen Umständen war es natürlich klüger, einzulenken. Das sah auch Alexander ein.

Im ersten Stock trat er, wie es ihm zur lieben Gewohnheit geworden war, einmal kräftig gegen die Wohnungstür der Kierspel, und in Parterre ging er mit schleichenden Schritten auf Frau Hagers Wohnung zu. Lauschend legte er ein Ohr an die Tür, aber von drinnen drang kein Laut heraus.

Alexander machte sich ernsthaft Sorgen, daß die alte Frau sein geniales Friedensangebot als solches nicht erkannte. Am Samstag hatte er ihr das Scheckheft vor die Tür gelegt, und bis zu dieser Stunde – es war später Montagnachmittag – hatte sie noch nicht darauf reagiert.

Während er sein Bike aus dem Keller nach oben schleppte – in dieser Beziehung zumindest wollte Alexander sich künftig an die Regeln halten –, ging ihm durch den Kopf, ob es überhaupt klug gewesen war, sich der alten Frau gegenüber zu ›outen‹. Vielleicht hätte er die Sache einfach auf sich beruhen lassen sollen, denn wer wußte schon, was sich in den Köpfen alter Menschen abspielte?

Vielleicht hatte er sie sogar auf ganz neue Ideen gebracht. Vielleicht schloß sie sich mit der Kierspel kurz und erstattete gemeinsam Anzeige gegen ihn, und während sich Alexander auf sein Rad schwang, sah er sich in seiner Phantasie auf der Anklagebank, und ein Anwalt knallte dem weißhaarigen Richter Beweisstück Nummer eins auf den Tisch: sein Scheckheft. Und im Hintergrund kicherten Frau Hager und die Kierspel wie zwei Hexen.

Alexander schlug den Weg zu seinem Freund Ingo ein und versuchte angestrengt, die beunruhigenden Bilder aus seinem Kopf zu bannen. Ingo hatte zum Geburtstag ein neues Computerspiel bekommen, das Alexander schon lange interessierte. Vielleicht war er ja zu Hause und hatte Bock, ein paar Runden zu spielen.

Vielleicht hatte sich die Hager auch Ratschläge von

der Kierspel geholt, und die hatte ihr empfohlen, dem Jugendamt Bescheid zu geben. Und diesmal würden sie nicht so glimpflich davonkommen. Denn eine alte Frau zu bedrohen, das sahen die möglicherweise als echt kriminelle Aktion.

Je länger sich Alexander gedanklich mit der Sache beschäftigte, desto sicherer wurde er, daß das Scheckheft ein grober Fehler seinerseits war – und die alte Hager würde es zu ihrem Vorteil nutzen!

Zum Glück war Ingo wirklich zu Hause, aber auf Computer hatte er keine Lust. Er überredete Alexander, mit ihm auf dem Pausenhof der Realschule Basketball zu spielen, und Alexander war dankbar für jede Ablenkung. Von seinen Sorgen erzählte er Ingo nichts, weil er befürchtete, er könnte ihn für einen Schleimer halten, weil er überhaupt auf die Idee mit dem Scheckheft gekommen war.

Als Alexander um zwei Minuten nach halb sieben – seine Mutter konnte extrem konsequent sein, wenn sie einmal Strafe angedroht hatte – die Wohnungstür aufschloß, hatte er die drohende Gefahr durch Frau Hager wieder völlig verdrängt. Die Bewegung an der frischen Luft hatte ihn aufgemuntert.

Lautlos schloß er die Tür, zog sich die Schuhe aus und warf seine Jacke über die Garderobe. Dann ging er zum Wohnzimmer, dessen Tür nur angelehnt war, um sich bei seiner Mutter zurückzumelden.

Als er die Stimmen hörte, die auf den Flur drangen, erschrak er bis ins Mark, und unwillkürlich griff er sich an den Hals, weil er das Gefühl hatte, etwas schnüre ihm die Kehle zu. Er erkannte die Stimmen seiner Schwestern, seiner Mutter und – ganz eindeutig – die des Beamten, der schon einmal wegen Charlotte gekommen war. Scheiße! war das erste, was Alexander denken konnte. Die alte Hager hatte wirklich keine Zeit verschwendet.

Alexander fühlte sich so elend wie schon lange nicht mehr. In einem Teil seines Bewußtseins hatte sich Wut gebildet, doch der weitaus größte Teil wurde von Angst beherrscht. Was sollte er jetzt tun? Flüchten, wie er es Charlotte geraten hatte? Daß das nichts brachte, hatte er inzwischen begriffen.

Nein, er mußte sich der Situation stellen und versuchen, den allerbesten Eindruck auf diesen verknöcherten Beamten zu machen. Ob er alles leugnen würde oder reuevoll gestehen würde, würde er spontan entscheiden, je nachdem, wie hart ihn der Beamte anging. Er hoffte nur, daß die Sache schnell über die Bühne lief. Schließlich sollte heute abend doch Mutters neuer Lover zu Besuch kommen, und was machte das wohl für einen Eindruck, wenn er hier einen Typen vom Jugendamt antraf! Seine arme Mutter. Das wäre wirklich eine Schande wie in einem Alptraum.

Alexander holte tief Luft, straffte die Schultern und fuhr sich ordnend mit fünf Fingern durch die Haare. Dann klopfte er höflich an und trat ins Wohnzimmer. Alle Blicke waren sofort auf ihn gerichtet, und Alexander riß gekonnt die Augen auf, als er Jonas Ewald im Sessel sitzen sah. Die Miene des Jungen drückte nichts als Freude und Überraschung aus. »Ah, guten Tag! Schön, daß Sie mal wieder vorbeischauen! Sie werden mich nicht kennen, ich bin Alexander.« Er reichte dem Beamten die Hand, der einen hilfesuchenden Blick auf Daniela Limbach warf.

»Guten Tag, ich bin Jonas Ewald. Schön, dich kennenzulernen.« Der Beamte grinste nun, aber Daniela zog die Brauen zusammen. Was zog Alexander hier für eine Show ab?

Alexander setzte sich neben seine Mutter auf die Couch, legte einen Arm um sie und drückte ihr einen Kuß auf die Wange. »Hallo, Mutsch. Ich habe mich um ein paar Minuten verspätet, tut mir leid. Aber du weißt ja, daß du dich sonst immer voll und ganz auf mich verlassen kannst, nicht, Mutsch?«

Charlotte mußte kichern, und auch Anna hielt sich die Hand vor den Mund.

Unwillig befreite sich Daniela aus Alexanders herzlicher Umarmung. »Was soll das Theater, Alexander?«

»Wieso, Theater?« Mit unschuldsvoller Miene blickte Alexander sie an, dabei zog er allerdings mehrfach die Augenbrauen hoch, um ihr ein Zeichen zu geben. Aber seine Mutter wollte oder konnte ihn nicht verstehen.

»Du brauchst hier nicht den Mustersohn zu geben, Jonas rechnet bereits mit dem allerschlimmsten, nachdem ich ihn vorgewarnt habe.«

Jonas? Alexander blickte auf den Beamten, der sich nun köstlich zu amüsieren schien. »Ist schon okay, Alexander, ich weiß dein schauspielerisches Talent durchaus zu schätzen.«

Jonas? Seine Mutter hatte den Beamten geduzt. War sie vielleicht durchtriebener als sie alle zusammen, indem sie mit dem Beamten einen auf vertrauensvoll machte, damit er gegebenenfalls ein Auge zudrückte?

Daniela lächelte Jonas Ewald an. »Nun, wo meine Familie komplett ist, könnten wir ja eine Flasche Sekt aufmachen, einverstanden?«

»Gerne. Wenn du mir sagst, wo die Gläser sind, hole ich sie schon.«

»Bleib ruhig sitzen.« Daniela stand auf « und als sie an

Jonas vorbeiging, beugte sie sich kurz zu ihm und küßte ihn auf die Wange. »Ich habe schon alles vorbereitet.«

Alexander klappte der Kiefer herunter, und wie erschlagen lehnte er sich auf der Couch zurück, während sein Blick zwischen seiner Mutter und dem Beamten hin- und herging. »Heißt das ...« brachte er heiser hervor, weil allmählich die Erkenntnis in sein Bewußtsein sickerte, daß es sich bei dem Beamten und dem neuen Freund seiner Mutter um die gleiche Person handelte.

Anna und Charlotte lachten sich inzwischen schlapp, weil ihr Bruder zu blöd aussah, wie er all die neuen Informationen zu verarbeiten versuchte.

Jonas Ewald war eine Viertelstunde zu früh gekommen, und auch die beiden Schwestern hatten in den ersten Minuten Schwierigkeiten gehabt, die neuen Verhältnisse zu durchschauen.

Aber dann hatte ihnen ihre Mutter ausführlich erzählt, wie sie und Jonas sich gleich vom ersten Tag an zueinander hingezogen gefühlt hatten. Dann hatte er sie am nächsten Abend angerufen und zum Essen eingeladen, und im Lauf der Woche erkannten sie, wie gern sie zusammen waren und wieviel Gemeinsamkeiten sie hatten.

Jonas Ewald erwies sich als lockerer Typ, der einen guten Draht zu Jugendlichen hatte. Er erklärte den beiden Mädchen, daß sie keine Sorgen zu haben müßten, daß er nun hier das Familienoberhaupt spielen wolle. Er liebe ihre Mutter – dabei hatte er wie nebenbei Danielas Hand genommen –, und er würde sich freuen, wenn sie sich im Lauf der Zeit auch sympathisch werden würden. Dabei hatte er Charlotte und Anna auf sehr nette Art angegrinst, und die beiden Mädchen fanden nichts an ihm auszusetzen.

Bis dann Alexander aufgetaucht war, war das Gespräch sehr steif verlaufen, was vor allem daran lag, daß Anna und Charlotte unsicher darüber waren, wie sie sich verhalten sollten, um ihre Mutter nicht zu blamieren.

Dann war Alexander auf der Bildfläche erschienen, und das Lachen der Mädchen entkrampfte die Situation.

»Und ich habe echt gedacht, nun ginge es mir an den Kragen«, brachte Alexander erleichtert hervor und lächelte Mutters neuen Freund glücklich an. Ohne eigenes Zutun hatte Jonas Ewald gleich ein Dutzend Pluspunkte kassiert – allein durch die Tatsache, daß er nicht aus den Gründen gekommen war, die Alexander ihm unterstellt hatte. In Sekundenschnelle begriff Alexander auch, welche Chancen sich ihm für die Zukunft boten. Schließlich war Jonas Ewald – wenn er denn nun so etwas wie ihr Stiefvater sein würde – künftig auf ihrer Seite. Gute Karten!

Alexander legte alles Aufgesetzte ab und war ganz er selbst, während er begann, Jonas Ewald mit Fragen zu löchern – vor allem bezüglich seines Autos. Zwischen den beiden »Männern« entwickelte sich ein lebhaftes Gespräch, in dessen Verlauf Jonas Alexander – und gleichzeitig auch den beiden Mädchen – das Du anbot.

Daniela verteilte lächelnd Sekt an Jonas und sich, Anna bekam ein halbes Glas, die beiden anderen Orangensaft pur. Und als sie sich zuprosteten, war Daniela richtig stolz auf ihre Kinder, die sich so freundlich und fröhlich gaben, wie sie meistens waren und wie die Mutter sie liebte.

»Na, wie findet ihr ihn?« fragte Daniela zwei Stunden

136

später, als Jonas sich verabschiedet hatte und sie noch mit ihren Kindern im Wohnzimmer zusammensaß.

Anna und Charlotte sahen sich an, hoben gleichzeitig die Schultern und zogen die Mundwinkel herab. »Soweit ganz nett«, sagte Charlotte dann halbherzig.

»Scheint ganz okay zu sein«, fügte Anna nicht minder lahm hinzu. Sie hatte tatsächlich nichts an Jonas Ewald auszusetzen, aber das bedeutete ja nichts. Schließlich kannten sie sich est seit zwei Stunden, und am Anfang hatte sie den früheren Lebenspartner ihrer Mutter, Kai, auch nicht übel gefunden. Ihrer Meinung nach mußte sich dieser Jonas erst mal beweisen.

Daniela verbarg ihre Enttäuschung über die mangelnde Begeisterung ihrer Töchter nicht. Sie selbst war so verliebt in Jonas Ewald, daß sie glaubte, alle müßten ihn auf Anhieb für den sympathischsten Mann der Stadt halten.

»Also, ich finde den Typen voll geil«, bemerkte Alexander, und weil sein Lob sie freute, sah Daniela auch über seine Ausdrucksweise hinweg. Sie strich ihm kurz über die Haare und lächelte ihn an.

»Wie geht das denn nun weiter mit euch?« wollte Anna wissen. »Zieht er nun zu uns, oder wie?«

Daniela blickte eine Weile nachdenklich vor sich hin. »Wenn ich das nur wüßte«, sagte sie dann leise. »Erst mal lassen wir alles so, wie es ist. Er bleibt in seinem Haus, wir hier. Man muß ja auch nichts überstürzen.«

»Finde ich auch«, stimmte Charlotte sofort zu. Sie dachte mit Grausen daran, daß sie eventuell eines Tages zu ihm ziehen könnten. »Ich meine, Inka und Papa sind ja auch schon ein paar Monate zusammen und haben trotzdem ihre eigenen Wohnungen behalten.«

»Bei deinem Vater ist die Situation auch eine andere«,

erwiderte Daniela und runzelte die Stirn. »Ich muß nicht nur für mich selbst entscheiden, sondern auch für euch drei mit. Und ich will nicht, daß ihr unglücklich werdet.«

Alexander fand, daß nun genug diskutiert worden war. Seine eigenen Befürchtungen hatten sich als grundlos erwiesen, der neue Lover seiner Mutter war ein guter Typ – was gab es da noch groß zu reden? »Hat jemand was dagegen, wenn ich den Fernseher einschalte?« Er hatte sich schon die Fernbedienung geangelt und die Beine auf den Wohnzimmertisch gelegt.

»Ach, Alexander, für dich ist übrigens ein Brief abgegeben worden«, sagte Daniela wie nebenbei. »Ich habe ihn auf deinen Schreibtisch gelegt.«

Alarmiert richtete sich der Junge auf und vergaß den Fernseher. Mit großen Augen starrte er seine Mutter an. »Wer hat ihn abgegeben?«

»Keine Ahnung. Er lag vor der Wohnung auf der Fußmatte. Auf dem Umschlag stand nur dein Name, kein Absender.«

Alexander spürte, wie sein Herz schneller schlug, und seine beiden Schwestern beobachteten ihn wachsam, während er aufsprang und in sein Zimmer stürmte. Charlotte schlenderte aus purer Neugier hinter ihm her, aber Alexander schlug ihr die Tür vor der Nase zu und schloß auch noch ab.

Wütend boxte Charlotte gegen das Holz. »Blöder Wichtigtuer.«

Nervös riß Alexander den zugeklebten Umschlag auf und zog zwei Seiten hervor. Das eine Papier kannte er: Es war aus seinem Scheckheft gerissen: »Einmal einkaufen gehen.« Das andere war eine Einkaufsliste:

7 Spinnenbeine

10 gr. Schneckenschleim

3 Fischaugen
0,2 l Rattenblut
2 große Fliegenpilze
1 Handvoll Schlangenbrut

Unterschrieben war die ungewöhnliche Liste mit »die Hexe«, und Alexander grinste vor sich hin. Er hatte gehofft, die alte Frau Hager würde vielleicht großzügig über seine Attacken hinwegsehen, nachdem er ihr das eindeutige Friedensangebot gemacht hatte. Aber daß sie die Sache sogar allem Anschein nach mit Humor nahm, übertraf seine Erwartungen. Nun konnte ihm praktisch nichts mehr passieren.

Er warf einen Blick auf seine Armbanduhr. Gleich zehn Uhr. Sicher schlief die Nachbarin schon, aber am nächsten Morgen vor der Schule würde er bei ihr klingeln und erfragen, welches Delikatessengeschäft sie bevorzugte. Trotz aller Erleichterung nahm sich der Junge allerdings auch vor, grundsätzlich abzulehnen, wenn sie ihm irgend etwas zum Naschen anbieten wollte. Klar, die alte Frau hatte offenbar einen Gag gemacht, aber trotzdem konnte man ja nie wissen, ob sie vielleicht tatsächlich nicht alle Tassen im Schrank hatte.

»Was ist denn in dich gefahren?« erkundigte sich Anna am nächsten Morgen, als sie noch im Schlaf-Shirt eine Banane aß. Alexander war bereits fix und fertig angezogen, obwohl er noch eine halbe Stunde im Bett hätte bleiben können.

»Hab' noch was Wichtiges zu erledigen«, murmelte der Junge, bevor er sich von seiner Mutter mit einem Kuß auf die Wange verabschiedete.

Nachdem er an der Wohnung von Frau Hager geklingelt hatte, mußte er über eine Minute warten, bis die alte Frau ihm öffnete. Er hörte ihre schlurfenden Schritte, dann spürte er, daß sie ihn durch den »Spion« musterte, und Alexander grinste in die Öffnung hinein wie in einen Paßbildautomaten.

»Na, dann komm man herein, mein Junge«, sagte die Alte, als sie die Tür weit öffnete. Sie trug einen gesteppten Morgenmantel in verschiedenen Blautönen und dicke Pantoffeln. Die grauen Haare standen ihr wirr aus dem Gesicht.

»Hallo.« Alexander reichte ihr verlegen die Hand, und die knorrigen Finger mit der schlappen Haut fühlten sich ganz eigenartig an.

Er folgte ihr in die Küche, wo sie an dem kleinen Holztisch nur für sich selbst gedeckt hatte: eine Tasse Tee, eine halbe Scheibe Schwarzbrot mit Käse. In einem Eierbecher, der daneben stand, entdeckte Alexander eine Anzahl Pillen in verschiedenen Farben und Formen.

»Möchtest du vielleicht einen warmen Kakao trinken?«

Alexander erschrak. »Ne... ich meine, nein, danke. Ich habe schon gefrühstückt.« Er setzte sich auf den Stuhl der Frau gegenüber und streckte die Beine von sich, um so den Eindruck zu vermitteln, daß er sich ganz wohl in seiner Haut fühlte. In Wahrheit war er total aufgeregt und unsicher.

»Ich wollte mich also noch mal so richtig entschuldigen«, begann er umständlich.

Die alte Frau nickte und schnitt dabei das Brot in kleine Stücke. »Du hast mir einen ganz schönen Schrecken eingejagt«, sagte sie. »Ich konnte viele Nächte aus Sorge nicht schlafen.«

Alexander blickte auf den Eierbecher mit den Tabletten. Offenbar war das nicht ihr einziges gesundheitliches Problem. »Es tut mir wirklich leid, aber ich dachte, sie hätten ... also, ich glaubte ...«

»Ich weiß schon. Ich habe deinen Streit mit der von oben«, sie machte eine Kopfbewegung zur Decke hin, »mitbekommen.« Ihr Gesichtsausdruck verriet, daß auch sie von Nicole Kierspel nicht die allerbeste Meinung hatte. »Die hat mir mal eine Mülltüte, die ich in die graue Tonne geworfen hatte, wieder vor die Wohnungstür gestellt und einen Zettel daran gehängt: Ich solle gefälligst den Müll trennen. Auch Rentner hätten sich an die Regeln zu halten.«

Alexander stöhnte auf und faßte sich an die Stirn. »Die ist sich echt nicht zu blöd, in fremder Leute Müll herumzuschnüffeln. Aber das paßt zu ihr!« Sein Haß auf die Kierspel wuchs. Er beobachtete aus den Augenwinkeln, wie sich Frau Hager ein Stück Brot in den Mund schob. Dabei bewegten sich ihre Lippen wellenartig, wie eben bei Leuten, die nur noch über vereinzelte Zähne verfügen. Alexander wandte rasch den Blick ab.

Frau Hager schluckte den Brocken hinunter. »Zum Glück sind wir die bald los. Ich habe schon ein paar Mal Möbelwagen vor der Tür stehen sehen. Kann also nicht mehr lange dauern.«

»Gott sei dank.«

»Und wie werden wir beide uns nun einig?« kam Frau Hager wieder auf den eigentlichen Grund seines Besuchs zu sprechen. Sie drehte sich ächzend um und zog aus einer Schublade das Scheckheft hervor, das sie neben ihren Teller legte. Sie blätterte darin herum.

»Tja«, Alexander breitete die Arme aus und lächelte selbstbewußt. »Ich denke, wenn ich Ihnen ab und an den ein oder anderen Dienst erweise ...« Einen Gutschein hatte sie ja bereits für ihren Gag verschwendet.

Die alte Frau lächelte hintergründig vor sich hin. »Ich habe dein Heft sozusagen als Beispiel genommen. Alle Dienste darin würden mir tatsächlich sehr helfen. Weißt du, meine Beine wollen nicht mehr so, und beim Treppeputzen spüre ich es gleich im Rücken. Was hältst du von ... sagen wir mal, einem Jahr?«

Alexander riß die Augen. Die tickte tatsächlich nicht richtig! »Ich bin doch kein Sklave!« entfuhr es ihm entrüstet. Und überhaupt, was hatte er schon groß verbrochen? Die Alte übertrieb maßlos, fand er.

»Nun, dann ...« Frau Hager ließ den Satz schmunzelnd in der Luft hängen und packte das Scheckheft wieder in die Schublade.

Alexander verstand: Die wollte ihn erpressen, die hatte sich einen ganz gerissenen Plan zurechtgelegt. »Also, drei Monate wäre das äußerste«, brachte er dann hervor, weil er erkannte, daß es das Vernünftigste war, ihr wenigstens entgegenzukommen.

Doch Frau Hager schüttelte den Kopf, und weil sie immer noch schmunzelte, schloß Alexander, daß sie die zähen Verhandlungen mit ihm förmlich genoß. Am Ende einigten sie sich auf acht Monate, die der Junge ihr zu Diensten sein sollte, und als Alexander die Wohnung wieder verließ, hatte er nicht das Gefühl, den Sieg davongetragen zu haben.

12

Anna fand es unglaublich anstrengend, länger als einen Tag eingeschnappt zu sein, und als Tatjana sie an diesem Morgen in der Schule begrüßte, lächelte sie sie sogar an, weil sie einfach für einen kurzen Moment vergessen hatte, warum sie immer noch sauer auf sie sein sollte.

Tatjana stand mit Marie, Mareike und Helen vor dem Klassenzimmer zusammen, und Anna brachte nur schnell ihren Rucksack an ihren Platz, dann stellte sie sich zu den anderen Mädchen. In der Gruppe herrschte eine deprimierte Stimmung, wie sie gleich bemerkte, und alle schauten mitleidig auf Mareike, die den Kopf gesenkt hielt.

»Was ist passiert?« zischte Anna Tatjana zu.

»Sie hat Schluß gemacht«, gab ihre Freundin leise zurück.

»Oh.« Anna blickte sich auf dem Flur um. Auf der Heizung saßen Sebastian und Kristina dicht nebeneinander, und sie grüßte sie lächelnd. Adrian erklärte gerade gestenreich ein paar Mitschülern, die einen Kreis um ihn gebildet hatten, die letzte Mathematikaufgabe. Und Michael stand mit Franziska und Jasmin aus der Parallelklasse zusammen und brachte die beiden Mädchen mit irgendwelchen Geschichten aus seinem Leben zum Lachen.

»Ich weiß nicht, ob es richtig war«, sagte Mareike gerade leise und zerrte ein Papiertaschentuch aus ihrer Jeanstasche. Lautstark putzte sie sich die Nase.

»Klar war es richtig«, sagte Helen energisch. »An deiner Stelle hätte ich schon längst Schluß mit ihm gemacht. So wie der dich behandelt hat.«

»Aber er kann auch echt lieb sein«, glaubte Mareike, ihn in Schutz nehmen zu müssen.

»Guck doch«, sagte Marie und wies unauffällig mit dem Kopf in Michaels Richtung. »Der interessiert sich einen Scheiß dafür, wie es dir geht. Der baggert gleich die nächsten an.«

Mareike blickte in die Richtung und wandte schnell den Kopf wieder ab. Er mußte ja nicht sehen, daß sie heulte. »Mein Problem ist ja nicht nur Michael«, sagte sie plötzlich und schluckte. »Also, wenn wir nicht mehr miteinander gehen, dann will ich ihm in Zukunft auch aus dem Weg gehen.« Sie blickte Anna mit schmerzverzerrtem Gesicht an. »So wie du und Sebastian miteinander umgeht, das kriegen Michael und ich nie hin. Wenn er in der Clique bleibt, dann muß ich mich ausklinken.«

Die anderen starrten sie schweigend an. Helen ergriff als erste wieder das Wort. »Aber was erwartest du denn jetzt von uns? Wir können doch keinen Kriegsrat abhalten und bestimmen, wer dazugehört und wer nicht.«

Marie stimmte ihr nickend zu. »Genau. So traurig es auch ist, aber das ist doch euer Problem, das ihr lösen müßt, nicht wir.«

Mareike sah unsicher in die Gesichter ihrer Freundinnen. »Bin ich euch denn überhaupt nicht wichtig?«

Die anderen wechselten Blicke. Dann war Tatjana die erste, die den Arm um Mareike legte, und die anderen rückten dicht heran und umarmten sich im Kreis. »Du wirst immer unsere Freundin sein«, sagte Helen, und die anderen murmelten ihre Zustimmung.

»Dann ist es ja gut«, sagte Mareike erleichtert.

Der Gong ertönte, und die Schüler strömten in das Klassenzimmer. In den ersten beiden Stunden stand Mathematik auf dem Stundenplan, aber dafür interessierten sich Tatjana und Anna, die nebeneinander saßen, an diesem Morgen nicht im geringsten.

Zum Schein hatten sie ihre Bücher und Hefte aufgeschlagen, aber worüber Lehrer Ernst Röttger gerade referierte, das rauschte an ihnen vorbei.

»Anna?« tuschelte Tatjana.

Sie blickte sie an.

»Sind wir wieder Freunde?«

Anna lächelte und nickte, und Tatjana seufzte tief auf.

»Bin ich froh!« sagte sie erleichtert. »Ich dachte echt, du wolltest nichts mehr mit mir zu tun haben.« Sie legte ihre Hand mit der Innenfläche nach oben auf Annas Bein unter dem Tisch, und Anna drückte sie leicht.

»Ich bin auch froh«, flüsterte sie. »Ganz schön stressig, eingeschnappt zu sein.« Sie kicherte hinter vorgehaltener Hand, und auch Tatjana lachte leise.

»In den letzten beiden Tagen war ich ziemlich schlecht drauf«, erzählte Tatjana. »Nicht nur, daß ich Kim vermißte, ich hatte auch noch Angst, dich zu verlieren. Und dabei weiß ich gar nicht mehr, warum wir uns überhaupt gestritten haben.«

Das wußte Anna allerdings nun wieder sehr genau, zumal sie sich in den letzten Tagen selbst viel Gedanken darum gemacht hatte. Tatjana hatte ihr vorgeworfen, zu heftig mit Kim geflirtet zu haben, und Anna war enttäuscht gewesen, daß sie ihr zutraute, sie würde versuchen, ihn ihr auszuspannen. Selbst wenn sie sich Hals über Kopf in Kim verknallt hätte, wäre er tabu für sie gewesen, weil er der Freund ihrer besten Freundin war.

Aber Anna hatte auch eine beunruhigende Parallele entdeckt. Die beiden einzigen Jungen, mit denen sie in den letzten Wochen geflirtet hatte, waren Sebastian und Kim gewesen. Zwei Jungen, die in festen Händen waren und bei denen sie ganz sicher sein konnte, daß sie nicht an einer Beziehung zu ihr interessiert waren.

Wenn das nicht auffällig war. Anna hatte versucht, herauszufinden, ob sie vielleicht Angst vor einer neuen Beziehung hatte, aber dann war ihr das Thema zu kompliziert geworden. Sie wußte nur, daß sie sich bald einen neuen Freund zulegen und aufhören mußte, Schaden in anderen Freundschaften anzurichten.

»Ist auch egal«, flüsterte sie Tatjana zu. »Du, meine Mutter hat einen neuen Lover.« Endlich kam sie dazu, ihrer Freundin all das zu erzählen, was ihr vor ihrem letzten Telefongespräch auf der Seele gebrannt hatte. Und so verging die Doppelstunde Mathe wie im Flug.

Lehrer Röttger war dafür bekannt, daß er getuschelte Gespräche duldete, solange wenigstens der Großteil der Schüler seinen Ausführungen lauschte, und er ignorierte die beiden Freundinnen völlig. Wahrscheinlich dachte er, daß sie bei der nächsten Klassenarbeit ihre Quittung bekommen würden.

Um zwölf Uhr auf dem Schulhof wurden auch Sebastian, Kristina und Adrian darüber informiert, daß Michael und Mareike Schluß hatten. Michael verbrachte die große Pause zum ersten Mal seit langem nicht mit seiner Clique, sondern war Franziska und Jasmin in die Raucherecke gefolgt. »Ich rede nachher mal mit ihm«, kündigte Sebastian an, und Mareike erschrak.

»Was willst du ihm denn sagen?« Sie befürchtete, es könnte so aussehen, als hätte sie Sebastian geschickt.

»Einfach mal hören, was Sache ist. Es bringt ja nichts, wenn wir uns jetzt alle aus dem Weg gehen, oder?«

Die anderen stimmten zu, nur Mareike blieb skeptisch. Sie hätte Michael am liebsten einfach aus ihrem Leben gestrichen, aber so leicht ging das natürlich nicht. Und so, wie die Mädchen zusammenhielten, so hatten auch die Jungen ihre Gemeinsamkeiten.

Während die Kelly-Clique diskutierte, stand Annas Schwester Charlotte mit ihrem Butterbrot in der Hand vor der Mädchentoilette im Eingangsbereich der Schule und wartete auf Bianca, um anschließend mit ihr gemeinsam zu ihrem bevorzugten Platz bei den Klettergerüsten zu schlendern.

Plötzlich tippte ihr jemand von hinten auf die Schulter, und Charlotte drehte sich ruckartig um. Sie stand Falko, dem Jungen, den Bianca schon häufig beim Fußballspielen beobachtet hatte, gegenüber. »Hi, Charlotte, kann ich dich mal sprechen?«

»Äh . . .« Charlotte wies auf die Toilettentür. »Ich warte . . . eigentlich auf Bianca.«

»Ist aber echt wichtig.« Falko sah sie bittend an, und Charlotte fand, daß er wirklich schöne Augen hatte, ganz grün, und wenn er grinste, glitzerten sie richtig.

»Ja . . . okay.« Sie folgte ihm zum Haupteingang, und er führte sie hinter eine Mauer, von wo aus man sie nicht sehen konnte. Was wollte der nur von ihr? Ob er sie gleich küssen würde?

»Ich bin froh, daß ich dich mal alleine treffe. Sonst hängt ihr ja immer zusammen.«

Charlotte nickte aufgeregt. Und nun? Ihr Herz klopfte wild, und sie vergaß völlig das Leberwurstbrot, das sie immer noch in der Hand hielt.

»Ich wollte mal fragen . . . äh, ob du vielleicht weißt, wie Bianca mich findet.«

Enttäuscht ließ Charlotte die Schultern hängen, und in dem Augenblick erinnerte sie sich auch wieder an das

Butterbrot. Sie biß hinein und kaute nachdenklich. »Keine Ahnung«, sagte sie mit vollem Mund. »Wir haben uns noch nie über dich unterhalten.« Das war zwar eine faustdicke Lüge, aber Charlotte war sicher, daß es in Biancas Sinn war. »Willst du mir ihr gehen?«

Falko zuckte mehrmals die Schultern. »Wenn sie mich mag ... Also, ich finde sie ziemlich nett.«

»Ich kann ja mal nachhaken«, erwiderte Charlotte. Sie stellte sich auf Zehenspitzen und blickte über die Mauer. »He, da ist sie ja ... Bianca!« rief sie lauthals, und Falko boxte ihr auf den Arm.

»Bist du bescheuert?« zischte er ihr verärgert zu.

Bianca hatte ihre Freundin schon bemerkt, kam um die Mauer herum und blieb erstaunt stehen, als sie neben Charlotte Falko entdeckte, dessen Gesicht einer Tomate glich.

»Du, Falko wollte dich was fragen«, sagte Charlotte gnadenlos, zog ihre Freundin an der Hand heran und lief zu anderen Mädchen ihrer Klasse auf den Pausenhof. Das war die gerechte Strafe für Falko, weil er nicht sie gefragt hatte, ob sie mit ihm gehen wollte. Fand jedenfalls Charlotte.

13

Charlotte hatte sich getäuscht, wenn sie glaubte, Falko und Bianca würden vor Verlegenheit kein Wort herausbringen oder Falko würde seine Meinung wieder ändern.

Sie erfuhr zwar nie ganz genau, was in jener Pause hinter der Mauer passiert war, aber sechs Wochen später waren ihre beste Freundin und der süße Fußballer aus der Parallelklasse immer noch miteinander befreundet, und ihre Beziehung entwickelte sich richtig intensiv.

Ihre Freizeit mußte Bianca nun zwischen Falko und ihrer Freundin aufteilen, und daß sie dabei meistens den kürzeren zog, ärgerte Charlotte maßlos. Auch in der Schule hing Bianca am liebsten mit Falko zusammen, händchenhaltend und miteinander tuschelnd.

Charlotte lehnte meist dankend ab, wenn sie sie baten, etwas mit ihnen zusammen zu unternehmen, denn das Gefühl, fünftes Rad am Wagen zu sein, paßte ihr überhaupt nicht.

So beobachtete Charlotte die Beziehung der beiden mit gemischten Gefühlen. Einerseits war sie eine wirklich gute Freundin, die Bianca nur das Beste wünschte, andererseits war sie ein ganz normales Mädchen, das sich im Stich gelassen fühlte.

Insgeheim hoffte sie, daß die Zeit die Dinge wieder richten würde. Denn es konnte ja nicht angehen, daß Bianca und Falko nun bis zur goldenen Hochzeit zusammenleben würden. Mit kleinen Sticheleien versuchte sie ihren Teil dazu beizutragen, daß Bianca wieder erkannte, mit wem sie in ihrer Freizeit mehr Spaß haben konnte. Auf Dauer mußte es doch langweilig sein, immer verliebt zu tun, und reden und lachen konnte man mit Jungen schon gar nicht.

»Und bist du nun nicht mehr in Barby verliebt?« fragte Charlotte einmal auf dem Heimweg im Schulbus.

»Ach, nein«, sagte Bianca und blickte nachdenklich aus dem Seitenfenster des Busses. »Ich war nie in sie verliebt. Das weiß ich nun genau. Ich fand – und finde – sie einfach total niedlich und bewundere sie, aber mit Falko ist das alles ganz anders. Weißt du, am liebsten würde ich ihn immer nur küssen. Er küßt ganz toll«, gestand sie. »Mir wird dann immer ganz wohlig warm. Kennst du das Gefühl?«

»Ja«, murrte Charlotte und zog einen Schmollmund.

Bianca nahm ihre Hand in ihre. »Schade, daß du im Moment keinen Freund hast. Dann könnten wir immer zu viert etwas unternehmen.«

Charlotte nickte und begann, an dem Nagel ihres Daumens zu kauen. Sie fühlte sich zur Zeit so entsetzlich allein gelassen.

Aber an diesem kalten Tag Mitte Dezember vergaß Charlotte alle Probleme und Sorgen und war einfach nur restlos glücklich. Sie hüpfte durch die ganze Wohnung, und wenn Alexander sich nicht entschieden gewehrt hätte, hätte sie sogar ihn umarmt. Gerade eben hatte Anna ihr mitgeteilt, daß sie eine der Freikarten zu der Fernsehshow bekommen würde, und die Dreizehnjährige schlug fast Purzelbäume vor Freude.

Sie lief in die Küche, wo Jonas am Herd hantierte. Auf allen vier Platten standen dampfende Töpfe, die Küche glich einem Schlachtfeld, aber der Duft, der sich nun in der ganzen Wohnung ausbreitete, war vielversprechend.

Daniela war an diesem Samstag in die Stadt zum Einkaufsbummel gefahren, und Jonas hatte ihr ein Meistermenü versprochen. Kochen war sein Hobby, und keiner in der Familie Limbach hatte Einwände, wenn er das Bedürfnis verspürte, sie ein wenig zu verwöhnen. Um die Küchenarbeit riß sich hier nämlich keiner.

Charlotte fiel dem Freund ihrer Mutter um den Hals, und er drehte sie einmal im Kreis, obwohl er nicht wußte, woher die plötzliche Ausgelassenheit des Mädchens kam.

»Jonas, ich darf mit zu den Kellys! Ist das nicht sagenhaft?«

»Wie das?« fragte er verblüfft lächelnd. »Ich dachte, die Freikarten reichten genau für Annas Clique?«

Anna kam in die Küche und setzte sich an den Tisch. Es machte Spaß, Jonas beim Kochen zuzuschauen, er verbreitete so ein gemütliches Chaos. Außerdem konnte man sich ganz unkompliziert mit ihm unterhalten. »Einer von uns ist abgesprungen«, erklärte sie. »Und ich hatte Charlotte ja versprochen, daß sie auf der Reserveliste steht.«

»Wer fährt denn nicht mit?« Jonas nahm sich ein Schneidebrett, ein scharfes Messer und eine Handvoll Zwiebeln und setzte sich damit Anna gegenüber. Charlotte ließ sich auf den Stuhl neben ihm fallen.

»Michael.«

»Ach?« Jonas sah erstaunt auf. »Hat das vielleicht etwas mit seiner Ex-Freundin, dieser... Mareike zu tun?«

»Ich schätze ja. In der letzten Zeit sondert er sich sowieso immer häufiger ab.«

»Schade, oder?« Jonas wischte sich die Tränen aus dem Gesicht, die in wahren Bächen über seine Wangen flossen.

Anna grinste von einem Ohr zum anderen. »Du mußt sie unter fließendem Wasser schälen. Oder eine Brille tragen.«

Jonas hatte sich auf ganz unauffällige Art Schritt für Schritt in die Familie Limbach eingelebt. Am leichtesten war es ihm gefallen, Kontakt zu Alexander zu finden. Der Junge hatte ihn von Anfang als guten Kumpel akzeptiert, mit dem zusammen er sich alle Sportsendungen im Fernsehen ansah, Basketballspiele besuchte und über Autos diskutierte. Trotzdem behandelte Alexander ihn nicht wie einen neuen »Vater«, mehr wie einen großen Bruder, was auch daran lag, daß der Junge noch regen Kontakt zu seinem richtigen Vater, Matthias, unterhielt.

Aus Charlotte wurde Jonas nicht so recht schlau. Sie war ein sehr launischer Teenager, der ihn einen ganzen Tag lang ignorieren konnte, um ihm am nächsten Tag wieder voller Enthusiasmus um den Hals zu fallen. Jonas entschied, daß ihre wechselnden Stimmungen mit ihrem Alter zusammenhingen, und nahm es nicht persönlich.

Von Anna fühlte er sich häufig, wenn sie glaubte, er merke es nicht, beobachtet. Sie schien ihm das größte Mißtrauen entgegenzubringen. Um so mehr freute er sich, daß sie in letzter Zeit begann, von sich aus das Gespräch zu suchen. Vielleicht lag es auch daran, daß Jonas nie Fragen stellte, aber sich ihr sofort interessiert widmete, wenn sie zu erzählen begann. An einem verregneten Sonntagnachmittag hatte sie ihm von ihrer Clique und den Beziehungen der Jungen und Mädchen untereinander erzählt, und deswegen wußte Jonas jetzt sogar besser Bescheid als Daniela.

Charlotte beugte sich dicht zu ihrer großen Schwester. »Was soll ich bloß anziehen? Kannst du mir was leihen?«

Das paßte Anna zwar überhaupt nicht, denn Charlotte ging nicht gerade zimperlich mit anderer Leute Klamotten um. Aber schließlich wollten sich alle Mädchen im Kelly-Stil kleiden, und in Charlottes Schrank befand sich nichts Geeignetes. »Komm, wir gehen mal schauen.«

»Wie kommt ihr denn heute abend in das Studio?«

»Wir treffen uns um kurz nach vier am Bahnhof. Tatjana hat uns eine Gruppenkarte besorgt.«

»Und du paßt gut auf Charlotte auf?«

Die Dreizehnjährige stemmte entrüstet die Hände in die Hüften und setzte zu einer scharfen Erwiderung an. Aber Anna zog sie lächelnd aus der Küche. »Na sicher. Ich kette sie mit Handschellen an mein Handgelenk.«

Die nächste halbe Stunde verbrachten die beiden Schwestern damit, sich »fernsehfein« zu machen. Sie entschieden sich für wadenlange Folkloreröcke.

Charlotte trug dazu einen dicken beigefarbenen Pullover im irischen Stil, und ihre langen Haare brachte sie mit Papillotten in Form. Anna wählte eine weiße Leinenbluse mit weiten Ärmeln und eine taillierte lange Weste dazu. Darüber würde sie den Blazer anziehen. Außerdem schlang sie sich das golden glitzernde Band à la Patricia um die Stirn.

Noch einmal begutachteten sie sich in dem bodenlangen Dielenspiegel, bevor sie im Model-Stil in die Küche gingen, um sich von Jonas bewundern zu lassen.

In der Küche saß inzwischen Daniela an dem gedeckten Tisch. Sie wechselte mit Jonas einen Blick.

»Na, wie sehen wir aus?« fragte Anna, während sie hinter ihrer Schwester die Küche durchquerte und am

Ende eine Drehung mit ausgebreiteten Armen machte.

»Die lassen euch wahrscheinlich gar nicht ins Publikums, sondern schicken euch gleich mit Bodyguards in die Garderobe, weil sie euch für die echten Kellys halten«, flachste Jonas, und ein schöneres Kompliment hätte er den beiden Mädchen nicht machen können.

»Ach«, tat Daniela überrascht und zog eine Augenbraue hoch. »Wolltest du mit zu der Show, Charlotte?«

»Äh...« Hilfesuchend blickte Charlotte von Anna zu Jonas und wieder zurück. Diesen Teil des Abenteuers hatte sie doch wirklich vergessen! Sie hatte sich noch gar nicht die Erlaubnis ihrer Mutter geholt.

Schmunzelnd stand Daniela auf und nahm ihre Tochter kurz in den Arm. »Schon okay. Jonas hat mich bereits darauf vorbereitet.« Dann wurde sie wieder ernst und blickte Anna an. »Aber du versprichst mir, daß du Charlotte nicht aus den Augen läßt?«

»Klar.« Anna nickte ernsthaft und gab Charlotte mit den Augen ein Zeichen, einfach die Klappe zu halten, wenn sie ihren Ausflug nicht doch noch gefährden wollte. Charlotte verstand und schluckte ihre Erwiderung hinunter.

»Holt mal Alexander. Wir können jetzt essen«, sagte Jonas und zog ein Blech mit gebackenen Paprikaschoten und Auberginen aus dem Backofen.

»Der ist nicht in seinem Zimmer.« Charlotte hatte schon gesehen, daß die Tür offen stand.

»Dann ruf mal in den Hausflur. Heute ist doch Samstag.«

»Ach ja.«

In der Familie Limbach hatte man sich inzwischen daran gewöhnt, daß Alexander offenbar seine soziale

Ader entdeckt hatte und der alten Frau Hager regelmäßig Einkäufe und Hausarbeit abnahm. Samstag nachmittags putzte er normalerweise die Treppe und den Flur in Parterre.

Daniela konnte dieses erstaunliche Engagement natürlich nur gutheißen. Es gab wirklich schlimmere Beschäftigungen, denen ein Elfjähriger in seiner Freizeit nachgehen konnte.

Die zehn Kelly-Fans saßen in der sechsten Reihe des großen Saals, in dem die Show aufgezeichnet werden würde. Sie sollte noch am gleichen Abend gesendet werden und ihren Live-Charakter behalten.

Inmitten des zumeist älteren Publikums wirkte die Clique wie ein Schwarm Paradiesvögel inmitten von Spatzen und Amseln. Die Mädchen hatten sich alle große Mühe gegeben, ihren Stars so ähnlich wie möglich zu werden, und aus den vorderen Reihen drehten sich immer wieder Leute zu ihnen um und musterten sie amüsiert. Die Jungen – Sebastian, Adrian und Kim, der bereits in seiner Heimatstadt in den Zug gestiegen war und ein Abteil für die Clique freigehalten hatte – hatten sich in der Wahl ihrer Kleidung zurückgehalten. Sie trugen alle Jeans, aber Sebastian hatte sich dazu für ein dunkelblaues Hemd im Folklore-Stil entschieden, Adrian trug ein weißes Leinenhemd mit bestickter Weste, und Kim sah mit seinen langen dunkelblonden Haaren und dem naturfarbenen weiten Hemd, das über seiner Jeans hing, ohnehin aus wie Johnny Kelly.

Die Show war eine Mischung aus Talk und Gags, und die Clique ließ den ersten Teil, der hauptsächlich aus Comedy-Einlagen bestand, über sich ergehen.

Anna schaute sich immer wieder in dem Saal um, ob sie noch irgendwo anders Kelly-Fans entdeckte. Aber offenbar war der Auftritt der Family wirklich streng geheim gehalten worden.

Anna saß ganz links in der Reihe, und weil sie die Gags auf der Bühne wenig komisch fand, stützte sie den Kopf auf eine Hand und betrachtete nachdenklich ihre Freunde.

Neben ihr saß Marie, die ganz hektisch wirkte und immer wieder auf die Uhr blickte. Sie konnte den Auftritt ihrer Stars kaum noch abwarten. Wie süß sie mit ihren roten Wangen und den pflaumenblau gefärbten halblangen glatten Haaren aussah. Anna erinnerte sich daran, wie schlecht es Marie noch vor einem Jahr gegangen war – in ihrem grausamen Elternhaus und mit dieser lebensbedrohlichen Eßstörung. Schön, daß sich für Marie eine zweite Chance geboten hatte.

Ihr Blick glitt zu ihrer Schwester Charlotte, der auf der Bahnfahrt hierher alle noch einmal eingetrichtert hatten, bloß nicht auszuflippen. Anna erinnerte sich daran, wieviel Sorgen sie sich innerhalb der Familie in der letzten Zeit um sie gemacht hatten. Sie war von zu Hause ausgerissen, um Angelo am Hausboot zu treffen, und sie hatte sich diesen kriminellen Typen angeschlossen – womit würde sie ihre Familie das nächste Mal schocken?

An ihrer Stelle hätte eigentlich Michael sitzen müssen, doch Anna glaubte, daß es die beste Lösung war, wenn er künftig auf Distanz zur Clique ging. Was ja nicht bedeutete, daß ihn alle schneiden mußten. Die Jungen würden auch weiterhin ganz locker mit ihm umgehen, und Michael hatte Sebastian zu verstehen gegeben, wie er der Clique später erzählte, daß sie ihm als Kumpel wichtig seien.

Neben Charlotte saß Mareike, wieder ganz die alte mit

leuchtend blondem seidig fallenden Haar, bildhübsch und strahlend. Sie gehörte zu ihnen – mit all ihren Fehlern und Vorzügen.

Kristina und Sebastian saßen nebeneinander und hielten sich an den Händen. Anna war froh, daß sie die Schwierigkeiten mit Kristina überwunden hatte.

Als hätte Sebastian ihren Blick gespürt, wandte er sich zu ihr und zwinkerte ihr zu. Anna lächelte ihn an.

Neben Sebastian saßen Kim und Tatjana. Anna wünschte ihrer besten Freundin von ganzem Herzen, daß sie ihn niemals verlieren würde, aber im Grunde glaubte sie nicht daran. Kim war einfach ein so toller Typ, daß er vermutlich auch zu Hause ständig von Girls umlagert war. Und ob er nicht irgendwann entschied, daß eine Beziehung auf eine so große Distanz auf Dauer unbefriedigend sei . . .

Adrian und Helen, die ganz am Ende der Reihe saßen und eine große weiße Papierrolle auf dem Schoß hielten, würden dagegen wahrscheinlich gleich nach dem Abi heiraten. Die beiden konnte nichts auseinanderbringen, glaubte Anna, aber ob sie zu beneiden waren, konnte sie nicht beurteilen. Irgendwie war es doch auch ungemein aufregend und abenteuerlich, sich alle paar Monate neu zu verlieben und neue Beziehungen einzugehen.

Anna seufzte schwer, weil sie im Moment absolut nichts dagegen hätte, eine richtig langweilig-harmonische Beziehung zu einem Jungen zu haben. Zumindest würde sie sich dann entscheidend besser fühlen als in diesem komplizierten Gefühlschaos, das ihre letzten beiden Freundschaften hinterlassen hatten.

Dann jedoch richtete sie sich auf, und Marie neben ihr stieß sie in die Seite.

»Ich freue mich ganz besonders, sie als Gäste in meiner Show begrüßen zu dürfen«, begann der Moderator und machte eine ausholende Bewegung zum Seiteneingang der Studiobühne, »die Kelly Family!«

Kathy, Johnny, Joey, Jimmy, Barby, Maite, Paddy und Angelo liefen mit ihren Instrumenten auf die Bühne, nur Patricia fehlte. Das Publikum klatschte anhaltend, während die acht Geschwister winkten, aber nur aus der Ecke der Kelly-Clique kamen kleine Jubelschreie, und die Stars wurden auf die zehn Teenager aufmerksam.

Die jüngeren der Geschwister, Barby, Maite, Paddy und Angelo, blickten in die Richtung der Kelly-Clique und strahlten sie an. Maite schickte ihnen eine Kußhand, die Charlotte begeistert zurückgab, Angelo begann auf der Stelle zu hüpfen und beide Arme im Takt über dem Kopf zusammenzuschlagen, und die zehn Kelly-Fans standen auf und stimmten in sein rhythmisches Klatschen ein.

Paddy schien sich die Gesichter der Jungen und Mädchen genau einzuprägen, und sein Blick blieb an Anna hängen. Auf einmal glitt ein Lächeln über sein Gesicht, und Annas Knie wurden weich. Sie wußte, daß sie nie in ihrem Leben erfahren würde, ob er sie vielleicht von ihrer ersten Begegnung am Hintereingang der riesigen Musikhalle erkannte oder ob es eine zufällige Freundlichkeit war. Wie in einem Traum nahm Anna wahr, daß er ihr den erhobenen Daumen zeigte, und sie erwiderte die Geste zaghaft. In der anderen Hand fühlte sie, wie ihr Marie das Ende der Papierrolle zusteckte, und sie hob automatisch den Arm.

Eine Kamera richtete sich auf die Kelly-Family-Clique, und vermutlich sahen in diesem Augenblick rund fünf Millionen Menschen das Bekenntnis, das die zehn jungen Leute miteinander verband: »Kellys, wir bleiben euch treu!«

Dann setzte Angelo zu »I can't help myself« an, und seine Geschwister gruppierten sich im Kreis um ihn. Anna ließ keinen Blick von Paddy, wie er hingebungsvoll die zweite Stimme sang, und sie vergaß alles um sich herum, als sänge er nur für sie.

Als die Kellys endeten und Applaus aufbrandete, fühlte sich Anna wie aus einer Trance gerissen, und sie wußte auf einmal ganz genau – so kompliziert und verwirrend das Leben und die Liebe auch waren, es gab etwas, das ihr über alle schwierigen Zeiten hinweg helfen und ihr immer neue Power geben würde: ihre Träume.